本书受北京市教委社科基金项目"利用外资引导京津冀农业转移人口合理分布的机制研究"(PXM2019_014213_000007,SM201910011011)和北京工商大学人才培养质量建设——一流专业建设——金融学项目资助

农业转移人口就业研究：
基于京津冀地区外资企业的比较

A Study on the Employment of Migrant Agricultural Population:
Based on the Comparison of
Foreign-funded Enterprises in Beijing-Tianjin-Hebei Region

武 岩／著

图书在版编目（CIP）数据

农业转移人口就业研究：基于京津冀地区外资企业的比较/武岩著．—北京：经济管理出版社，2021.5
ISBN 978-7-5096-7986-9

Ⅰ.①农… Ⅱ.①武… Ⅲ.①农村人口—就业—研究—华北地区 Ⅳ.①D669.2

中国版本图书馆 CIP 数据核字（2021）第 094114 号

组稿编辑：郭　飞
责任编辑：曹　靖　郭　飞
责任印制：黄章平
责任校对：陈　颖

出版发行：经济管理出版社
（北京市海淀区北蜂窝 8 号中雅大厦 A 座 11 层　100038）
网　　址：www.E-mp.com.cn
电　　话：(010) 51915602
印　　刷：北京虎彩文化传播有限公司
经　　销：新华书店
开　　本：720mm×1000mm/16
印　　张：12.5
字　　数：206 千字
版　　次：2021 年 6 月第 1 版　2021 年 6 月第 1 次印刷
书　　号：ISBN 978-7-5096-7986-9
定　　价：78.00 元

·版权所有　翻印必究·
凡购本社图书，如有印装错误，由本社读者服务部负责调换。
联系地址：北京阜外月坛北小街 2 号
电话：(010) 68022974　邮编：100836

目 录

第一章 引言 …………………………………………………………… 1

　第一节 京津冀协同发展 …………………………………………… 1

　第二节 疏解非首都功能 …………………………………………… 3

　第三节 京津冀的外资企业 ………………………………………… 5

　第四节 京津冀农业转移人口 ……………………………………… 6

　第五节 研究意义 …………………………………………………… 7

第二章 双循环背景下京津冀区域外资发展潜力 …………………… 9

　第一节 双循环背景下京津冀吸引外资优势 ……………………… 9

　第二节 双循环背景下京津冀吸引外资劣势 ……………………… 12

　第三节 京津冀吸引外资效率和潜力 ……………………………… 14

　第四节 后疫情时代京津冀吸收外资的展望 ……………………… 26

第三章 京津冀外资分布与人口分布的关系 ………………………… 29

　第一节 理论机制与文献述评 ……………………………………… 29

　第二节 京津冀外资利用与人口分布概况 ………………………… 31

　第三节 京津冀外资对人口分布的影响 …………………………… 40

第四章　京津冀外资企业农业转移人口就业的影响因素 …………… 46

第一节　京津冀外资产业现状 ……………………………………… 46

第二节　京津冀农业转移人口现状 ………………………………… 51

第三节　农业转移人口外资企业就业的决定因素 ………………… 54

第五章　长三角和珠三角外资产业和就业人口 ………………………… 82

第一节　长三角地区的外资产业和就业人口 ……………………… 82

第二节　珠三角地区的外资产业和就业人口 ……………………… 118

第六章　外资企业吸收就业的国际比较 ………………………………… 126

第一节　外商直接投资 ……………………………………………… 126

第二节　人口与就业 ………………………………………………… 144

第三节　外商投资与流动人口城镇化进程 ………………………… 150

第七章　郑各庄改革开放、产业升级和就业变迁 ……………………… 157

第一节　郑各庄村的背景 …………………………………………… 158

第二节　产业变迁与郑各庄村的经济转型 ………………………… 160

第三节　产业变迁与郑各庄的城镇化进程 ………………………… 168

第八章　利用外资引导京津冀人口就业分布的政策建议 ……………… 172

第一节　京津冀三地吸引外资政策 ………………………………… 173

第二节　利用外资引导人口就业合理分布的协同机制 …………… 178

第三节　京津冀农业转移人口就业合理分布的配套措施 ………… 181

参考文献 …………………………………………………………………… 186

第一章 引　　言

第一节　京津冀协同发展

2014年2月26日，习近平总书记在北京召开的座谈会上首次提出京津冀协同发展是重大的国家战略。协同发展是指两个或多个行政区域基于相同的发展目标，以合作共赢的思想，对产业、市场、资源、生态等多方面进行协调，形成新的区域一体化发展格局。2015年3月23日，中央财经领导小组第九次会议审议研究了《京津冀协同发展规划纲要》（以下简称《纲要》），并于4月30日通过审议。这意味着经过一年多的准备，京津冀协同发展的顶层设计基本完成，推动实施这一战略的总体方针已经明确。《纲要》的提出，为京津冀协同发展指明了发展方向、明确了发展目标。因此，京津冀协同发展是国家主导的区域经济一体化战略，旨在整合交通基础设施、环境保护、生态建设、产业布局、工业发展、公共服务等，其中，环境保护和生态建设作为整合的基础，最终实现全方位一体化。

上海作为长三角的中心城市，其发展带动了浙江、江苏、安徽的发展；广州作为珠三角的中心城市，其发展带动了东莞、中山、惠州等中小城市的发展。上海、广州均带动了周边城市成为良性发展的城市群。北京作为京津冀的中心城市，必然要发挥其产业结构优势，从而带动天津、河北的发展。京津冀协同发展作为国家的重大战略,是中国经济未来重要的增长极。根据国家统计局数据显示,以京津冀协同发展战略提出的2014年为例,当年北京市常住人口2114.8万人、天津市1516.81万人、河北省7383.75万人,京津冀常住人口占全国总人口的8.1%;北京市土地面积1.641万平方千米、天津市1.1946万平方千米、河北省18.88万平方千米,合计21.71万平方千米,占全国土地总面积的2.3%。尽管京津冀地区GDP占全国比重达10.4%,但京津冀三省市内部发展存在较大差距。根据国家统计局的数据显示,2014年河北省人均GDP为39984元,远远低于北京市的99995元和天津市的105231元,甚至不及北京市和天津市人均GDP的50%。在产业结构方面,天津市和河北省的第二产业比重分别为49.4%和51.1%,而北京市则以第三产业为主,占产业结构的77.9%,按照世界银行的标准北京已进入后工业化阶段。在城镇化方面,北京、天津的城镇化率分别为86.30%、78.28%,远高于河北城镇化率46.51%。同时,由于要素资源流通性差以及政策效果微弱,京津冀地区不及发展更加均衡的长三角、珠三角地区。与珠三角、长三角相比,京津冀协同发展不仅涉及经济因素,还包括政治、文化等多方面的因素。

京津冀协同发展的划分不仅锁定在北京、天津、河北地理位置的划分,而且还有三省市内部空间的优化。就产业结构优化而言,京津冀协同发展不盲目地将非首都功能疏解的范围局限在京津冀范围内,而是将疏解范围扩大至全国范围,将合适的产业疏解到合适的地区,盲目地将北京非首都功能疏解至河北、天津可能反而会影响其发展效率。在产业政策方面,一些产业的转移需要在京津冀协同发展大的政策框架下结合更微观的市县政策来实施,达到事半功倍的效果。

自京津冀协同发展战略提出以来,在中央政策和三省市有关部门共同努力下,京津冀协同发展取得了一系列进展。根据《人民日报》报道,自2015年以来,天津滨海新区共引进北京项目1699个,协议投资额3920.6亿元。其中,滨海—中关村科技园成为京津两市合作共赢的重要平台。截至2019年底,滨海—中关村科技园共有941家企业注册,注册资金达104.3亿元。在交通基础设施方面,京津冀交通部门联合打通京港澳、京台、首都地区环线等高速公路和干线公路,总里程达1600千米。国家高速公路网7条首都放射线北京段已全部建成，京津冀交通一卡通在三省市实现互联互通，发卡数量已累计超过180万张。在环境保护方面，2018年，京津冀地区PM2.5平均浓度相比于2013年，下降约40%。在产业合作方面，2015~2018年，北京到天津、河北投资的认缴出资额已累计超过7000亿元。一系列数据表明，京津冀协同发展正在向更广更深更远处发展。

第二节 疏解非首都功能

北京作为中国的首都，其基础设施完善，吸引着国内外众多投资，创造了许多就业机会，这使北京人口增长迅速，导致交通拥堵和环境恶化日益严重。因此，降低人口密度，实现城市发展与环境资源相适应的非首都功能疏解成为京津冀协同发展的核心。

2017年4月1日，中共中央、国务院决定设立雄安新区，雄安新区位于北京、天津、保定中心位置，是继深圳经济特区和上海浦东新区之后又一具有全国意义的新区。作为疏解北京非首都功能集中承载地，雄安新区的设立为北京非首都功能的疏解增加了新的动力。

张可云（2016）在研究北京非首都功能时指出，北京非首都功能是指对首都功能产生负面影响的功能，包括部分北京功能，即使它属于北京定位的功能。这是由于北京依靠其为首都的定位，吸引了诸多国内外资源，有些资源是有利于首都功能的发挥，但有些资源是会对首都功能的发挥产生负面作用。如北京过分吸收了北京周边地区如河北和天津的资源，这反而导致北京过多集中了不必要的第一产业和第二产业，发展过于膨胀且不合理，同时，对河北和天津的"回流效应"大于"扩散效应"，导致京津冀地区内部的发展极不均衡。

现在学术界普遍认可的非首都功能疏解对象主要有四类：一是高消耗、低附加值的一般性制造业等；二是区域性物流基地等部分第三产业；三是部分社会公共服务功能；四是部分行政性、事业性服务机构。其中，前两类疏解对象以市场为导向，政府适当引导，创造这两类对象所需的市场条件，如完善交通基础设施、提升优质公共服务来推动疏解。后两类疏解对象更多的是发挥政府"看得见的手",政府对行政资源优化再配置。

疏解非首都功能与推进京津冀协同发展相辅相成,其主要目标之一是缓解首都巨大的人口压力。合理的人口分布是与城市的功能定位和产业基础相契合的人口分布,只有这样才能在最大限度上发挥城市群集聚经济的比较优势。产业与人口密不可分,人口作为最基本的产业生产要素,人口的转移需要产业的带动。

安锦等(2015)在研究京津冀人口有序转移时发现,京津冀地区产业协同发展和合理转移是改变北京人口严重膨胀的重要经济手段,也是根本保证。区域、人口、产业相互联系,而北京非首都功能的疏解有利于将非首都功能的产业转移到最适合其发展的省市,提高京津冀地区区域、人口、产业的匹配度,降低北京人口密度。肖周燕(2018)在研究北京产业疏解对人口的影响时认为,京津冀地区的产业转移政策清晰,大部分北京非首都功能产业都能在津冀地区找到合适的区位,将北京制造业的劳动力需求转移出去,并从长期分析发现,北京非首都功能产业的转移带动了津冀地区的就业,发挥了津冀地区的资源优势,促进了京津冀协同发展。

自非首都功能疏解概念提出以来,政府通过政策引导和市场主导,结合市场"看不见的手"和政府"看得见的手"有序疏解了一批北京非首都功能。根据北京市统计局资料显示,受新增产业禁止和限制目录的影响,受到禁限的行业占全部行业的比例为79%。2016年,北京市第三产业占GDP比重达80.3%,PM2.5平均浓度同比也下降9.9%。截至2017年6月22日,北京已关停1713家企业,调整疏解409家商品交易市场。截至2018年底,北京市批发零售、制造、农林牧渔等新设市场主体数量比重已降至21.9%。与此同时,北京已疏解一般制造业企业累计达到2648家,疏解提升台账内市场581家、物流中心106个。

通过疏解非首都功能,北京可以更高效地发挥北京首都功能,扩大发展空间、激发发展潜力、促进产业结构升级、改善经济质量和效率,建设"全国政治中心、文化中心、国际交往中心、科技创新中心"。

第三节 京津冀的外资企业

自1979年第五届全国人民代表大会第二次全体会议通过并颁布了《中华人民共和国中外合资经营企业法》以来，我国外资企业从无到有、从有到优。外资企业的进入不仅为中国经济提供资本、刺激发展，同时，也推动了中国外贸产业的发展，创造许多就业机会。经过改革开放40余年来的不断摸索和完善，根据国家商务部资料统计显示，截至2018年末，我国累计设立外商投资企业96.1万家，实际吸收外商投资2.1万亿美元，继续稳居全球第二、发展中国家第一，成为全球最佳外资企业投资目的地。

虽然我国是全球第二大外资受益国，整体利用外资水平居发展中国家首位，但是在区域外资利用与外资企业设立上，京津冀协同发展初期与长三角地区存在明显的差距。北京作为科技创新中心，拥有科技研发的高新技术优势，拥有诸多外商高新技术企业，同时也吸引更多高科技外商企业投资；天津作为京津冀地区重要港口开放城市，利用滨海新区和港口的开放，拥有众多研发成果型应用的外商投资企业；河北在京津冀地区区域中拥有较低的劳动力成本和丰富的资源优势，拥有较多的制造业外资企业。京津冀地区是东北亚经济区的中心，京津冀地区的河北沧州更是亚欧大陆桥头堡，河北外环渤海，与京津两市共同构成环渤海核心区域，有全面开放的区位优势，对我国吸引外商投资有重要的意义。在国家政策的引导下，京津冀地区利用其区位优势，加大与欧洲、中亚等区域的合作，吸引了更多外资企业。

随着京津冀协同发展战略的提出，京津冀出台了一系列外商引资政策，如2015年天津自贸试验区正式挂牌。天津自贸试验区的挂牌为京津冀协同发展提供了更高水平的对外开放平台，让京津冀协同发展面向世界，吸引更多的外资企业进驻京津冀地区。河北在2017年印发了《关于落实国务院扩大对外开放积极利用外资若干措施的意见》（以下简称《意见》），《意见》提出了27条具体措施，降低外资企业投资门槛，加大对外资企业的支持，促进河北经济发展，推动京津冀协同发展。截至2018年末，根据国家统计局对外经济贸易数据，京津冀地区共有55650家外商投资企业，相比于2015年增加了7165家，增幅达12.9%。其中，北京拥有32306家外商投资企业，相比于2015年增加了2910家；天津拥有15089家，相比于2015年增加了2811家，河北拥有8255家外商投资企业，相比于2015年增加了1444家。

第四节 京津冀农业转移人口

2014年，国务院发布了《国家新型城镇化规划》，要求促进"大、中、小城市与小城镇和新型农村社区协调发展"，而首都作为全国政治中心、文化中心、国际交往中心和科技创新中心，近年来吸引大量国内其他省市的人口，北京人口的严重膨胀，超过其可承受范围，这不仅限制了北京的可持续发展，也为京津冀的发展埋下了隐患。

农业转移人口是指农业人口中就地或异地转移到农业系统以外，进入到其他行业的人口，这与一个国家的城镇化、工业化密切相关。具体来说，农业转移人口有两方面的含义，一方面，我国的农业转移人口一般是按照户籍划分的农业人口，而"转移"二字体现了农业人口在地域上的转移，即由农村转移到城镇，既包括本地转移，也包括异地转移；另一方面，我们通常认为农业转移人口就是农民工，但"农民工"这个概念并不准确，在学术上农民工仅是指农业剩余劳动力，而对于农业转移人口，其既包括农业剩余劳动力，又包括农村法定非劳动适龄人口。

京津冀一体化进程缓慢，导致农业转移人口过度集中在北京，很多人在价值观念、生活方式、行为习惯等方面难以适应自身角色转变，不能很好地融入首都经济社会活动中。根据2017年京津冀三地统计局对外来农民工的抽样调查数据，京津冀的农业转移人口主要集中在制造业、交通运输、居民服务、批发和零售业以及建筑业，上述五大行业吸纳了超过70%的农民工；与此相对，根据2017年京津冀三地对外经济贸易统计数据，外资在京津冀的行业分布由高到低依次是制造业、房地产业、商业服务、批发和零售业以及交通运输，与农业转移人口的行业分布几乎一致。从理论上讲，资本的移动可以驱动其他生产要素的移动，由于劳动人口是生产要素的重要组成部分，外资所带来的产业集聚、工资增长、规模经济等效应往往可以对农业转移人口分布产生重要的影响。本书旨在通过理论、实证和调查研究，探讨京津冀区域外资和农业转移人口之间的关联机制，创造有效途径促进农业转移人口在行业和空间上的合理分布，以疏解非首都功能为出发点提出有效的利用外资政策，推动北京人口疏导和京津冀协同发展。

第五节 研究意义

京津冀协同发展是一个重大国家战略。战略的核心是有序疏解北京市非首都功能，调整经济结构和空间结构，探索出一种人口经济密集地区优化开发的模式，促进区域协调发展。为执行这一战略，北京市近年来已经做出了许多相关调整，例如平房棚户区的拆除，清除"低端产业"，适当外迁人口等。但这些措施能带来的改变是有限的，旧城区需要保留历史风貌，迁入"高端产业"后引进科技人才办公密度依旧不低，部分郊区需要接收外迁人口等问题，依旧制约着北京市人口的疏解目标。当前北京市的人口疏解任务遇到了一个瓶颈期，地方拆除违建、改换地区职能已不能解决问题。研究明晰更高层次的影响因素或许会是解决这一问题的思路。

自2001年中国加入WTO后，外商直接投资金额快速上升，根据国家统计局数据，2001年我国的实际利用外商直接投资金额为468.78亿美元，而到2019年，这项数据已增至1381亿美元。京津冀的人口密度也逐年增加，北京市的密度增速尤为突出。外国直接投资（FDI）是现代资本国际化的一个重要渠道。根据多项数据表明，FDI可以改变东道国的投资结构、消费结构、产业结构，对东道国居民的消费需求等具有引导作用。在经济全球化的背景下，外国直接投资（FDI）在中国经济中发挥着重要作用。所以，探究FDI和京津冀人口分布之间的关系，也许会为之后更好地推动河北省雄安新区和北京市城市副中心建设，探索超大城市、特大城市等人口经济密集地区有序疏解功能、有效治理"大城市病"做出贡献。

研究的理论意义：第一，目前来看，FDI与人口就业分布的关系探究是一个比较新的课题。国外学者对不同时期外国直接投资的研究，多联系于产业结构、城市化等社会经济体系。对于人口和外国直接投资的研究也多适用于研究国家与国家间的人口迁移，对城市间的人口分布与迁移，鲜少涉及。第二，国内学者关于城市间人口分布的研究，多从国内的经济影响因素出发，比如区域经济、产业集聚、交通区位因素等，少有考虑外国影响因素，没有把外国资金流入列入考虑范围内。因此，分析FDI对京津冀农业转移人口就业分布的关系，是把京津冀地区按照国际化发展路线思考的研究，弥补了国内这方面的缺失。

研究的现实意义：第一，FDI是影响世界经济发展的重要外部因素，在确定FDI对人口分布作用机理的基础上，在京津冀引入外资规模巨大的背景下，对充分利用大量FDI来促进京津冀一体化协同发展，并且逐渐提高人口合理分布水平，更有效地发挥FDI对京津冀城市圈的作用，使其成为一个良性循环，这一进程具有很大的现实意义。第二，京津冀地区是一个典型的辐射带动型城市群，由一个大型发达城市来带动周边城市的产业及经济发展，其研究能为其他类似城市群提供参考意义。尤其是对在京津冀协同发展背景下的农业转移人口流动，具有重要意义。在已有研究的基础上，本书以FDI通过资金流入为角度，从国内、国际、区域等多角度采用计量回归模型分析，得出研究结论，可以为京津冀一体化发展过程中的人口就业和疏解任务提供新的思路。

第二章　双循环背景下京津冀区域外资发展潜力

2020年全球政治不确定性增加,世界经济进一步下行,多边经贸合作趋向停滞,传统意义上的全球价值链也面临着破裂的风险,世界经济蒙上了一层阴影。国际货币基金组织总裁格奥尔基耶娃针对疫情在全球的肆虐表示:疫情给世界经济发展带来了后遗症,即国家内部和国家之间的不平等加剧。在国家内部,有一些行业如数字经济、高科技和不需要人员接触的制造业正在迅速恢复甚至比疫情前发展得更好,但有些需要人员接触的行业受到重大冲击。

在此国际背景下,加快构建以国内大循环为主体、国内国际双循环相互促进的新发展格局,是以习近平同志为核心的党中央科学应对百年未有之变局、重塑相互竞争格局、开拓发展新型局面的战略部署,也是对我国全面建成小康社会、实现第一个百年奋斗目标以后,乘势而上踏上全面建设社会主义现代化国家的新征程、向第二个百年目标奋斗前行的方向性指引。理论逻辑和历史经验告诉我们,构建以国内循环为主体,强调联动循环、主动循环和动态循环的国内国际双循环新发展格局,不仅仅是大势所趋,更是中国经济可持续发展的内在要求。

第一节　双循环背景下京津冀吸引外资优势

在以国内大循环为基础、国内国际双向良性循环的背景下,夯实国内大循环是吸引外资的基本条件,实现国内国际良性循环是吸引外资的重要保证。

从国内循环来看,京津冀吸引外资主要有以下几个方面的优势:

第一,区位优势。京津冀城市群是我国三大城市群之一,也是世界超级城市群之一,涵盖全国科技与政治枢纽中心北京、港口城市天津与老牌重工业发展之地河北,拥有得天独厚的地缘优势。对内,京津冀位于我国东部偏北地区,是环渤海经济带的重要发展区域;对外,京津冀协同发展是"一带一路"建设中的重要一环,天津的港口身份更是加速了京津冀地区与国际之间的合作交流。京津冀地区的区位优势将显著提升外资吸引力。

第二,政策优势。一方面,京津冀协同发展是大势所趋,也是我国城市群建设的重要发展对象,千年大计雄安新区的建设更是将京津冀协同发展的方向落到实处;另一方面,我国不断深化改革,优化外商投资政策。2019年,习近平总书记在博鳌亚洲论坛上提出加大知识产权执法力度,促进外商投资的负面清单和前国民待遇制度两项的落实。这些明确保障了投资者的权益,创造出了更有温度、更负责任的外商投资环境。

第三,人才优势。2017年国家公布了新一轮"双一流"建设高校,京津冀城市群中的北京大学、清华大学、中国人民大学、天津大学、南开大学、北京航空航天大学、北京师范大学、中央民族大学等10所著名大学入选世界一流大学建设名单,北京科技大学、北京交通大学、北京邮电大学、北京协和医学院、中国政法大学等30所高校跻身世界一流学科建设高校名单,燕山大学、河北大学、天津师范大学、首都医科大学、北京语言大学等44所高校跻身地方"双一流"建设高校名单。其中,北京市入选"985工程"的大学有8所,符合"211工程"的大学有26所,是全国优质大学分布最多的地区。优越的人才资源成为吸引外资投入的优势之一。

第四,产业结构优势。京津冀三地角色不同,配套优势明显,既有北京市以高端科技产业为主的第三产业,也有河北省的二三产业,天津市的港口位置更是京津冀发展贸易、引进外资的一个窗口。一方面,以服务业为主的第三产业发展迅猛,产业增加值占比不断攀高,对经济的贡献度也逐年上升;另一方面,制造业等基础行业体系完善,是全球价值链的重要组成部分;同时,北京前沿的数字技术与天津河北的传统产业也在不断融合创新,形成更具竞争力的新型产业发展模式。

从国际循环来看，京津冀吸引外资主要有以下几方面的优势：

第一，市场优势，即迎合了外商维系原有市场或开拓新市场的需求。全球性新冠肺炎疫情的暴发使全球经济奄奄一息，美国大选更是加深了全球政治的不确定性。在此背景下，许多国家纷纷关起国门，许多企业撤离海外市场，越来越多的中小企业受到了当头一击，消失于时代的鸿沟。而中国凭借巨大的经济体量与优越的政治结构，在2020年依旧实现了经济正增长。不仅如此，开放包容的对外政策依然没有改变。京津冀协同发展还在蒸蒸日上，这对无处开拓市场的外商来说是莫大的机遇。

第二，需求优势。一方面，虽然新冠肺炎疫情给了全球经济致命一击，但中国凭借大国优势与消费鼓励政策不断扩大内需，不断创造新的消费需求。京津人均GDP位于全国前列，消费水平居高不下，对品质生活的追求依然需要更有优势的跨国公司来提供。另一方面，京津冀地区是以前我国工业发展地之一，这导致京津冀地区的空气质量一直不占优势。而近年来，低能环保的绿色可持续发展模式不断被强调，企业发展所使用的能源设备也越来越环保，这对于外商投资者来说也是个不容错失的机会。

第三，比较优势。随着我国在全球产业链中的地位越来越重要，我国依靠低廉劳动力的比较优势也逐渐被东南亚所取代。但京津冀地区拥有数量庞大的大学生群体，他们具备一定的科技研发能力，且人力成本较低。北京是我国的科技创新中心，赋予了高科技企业一定的研发压力。大学生群体的实习流动性高、创新更迭速度快，工资要求较低，更踏实向学。这对于高科技外资企业来说是性价比很高的投入。

第四，综合优势。京津冀地区在人才、技术、服务、要素、市场等各方面都具备优势。加速传统产业转型升级，推进完善新兴产业发展，构建战略性支柱产业，对于外商来说，这一庞大、综合、海量的经济体中的核心地带不论在哪个阶段都有巨大的投资机遇，更不必谈论综合优势了。

第二节 双循环背景下京津冀吸引外资劣势

双循环发展模式带来机遇的同时,也带来了诸多挑战。双循环的重心是保障国内循环畅通,但现阶段国内发展依然面临诸多考验。国际上,反全球化思潮不断涌动,各国无法真正关起门来独善其身,构建人类命运共同体任重道远。

从国内循环来看,京津冀吸引外资的劣势主要体现在以下几个方面:

第一,京津冀区域协同程度。在京津冀协同发展规划中,北京市的发展定位是"全国政治中心、文化中心、国际交往中心和科技创新中心",天津市的发展定位是"全国先进制造研发基地、北方国际航运核心区、金融创新运营示范区和改革开放先行区",河北省的发展定位是"全国现代商贸物流重要基地、产业转型升级试验区、新型城镇化与城乡统筹示范区和京津冀生态环境支撑区"。综合来看,三省市各有优势,恰有互补,但实际上三地仍然存在不可忽视的差距。北京市与天津市人均 GDP 较高、城镇化程度较高,而河北省的城镇常住人口比重甚至比不上 10 年前的北京市和天津市,依然处于起步阶段。整体上看,三地差距较大,协同性还需磨合。

第二,京津冀产业结构布局合理性。北京市早在多年前便实现经济转型,目前主要依靠以服务业为主的第三产业拉动经济增长,而天津市与河北省的经济转型进展缓慢,特别是河北省,刚实现第三产业为产业主导的发展模式,经济模式稳定性差,仍有许多需要完善之处。京津冀协同发展主要靠北京的强拉动作用,天津河北与北京各方面的差距都不算小,不如长三角地区产业结构搭配梯度合理,也赶不上珠三角地区的均衡发展。因此,若在城市群之间做个比较,对于外商而言长三角和珠三角投资稳定性和收益率可能会更好,而非京津冀城市群。

第三,规章制度不完善。虽然我国坚持走依法治国之路,法律系统囊括方方面面,法律覆盖越来越全面、细致、准确、合理,但我国外商直接投资相关法律法规依旧存在"短板"。一方面,缺乏相关知识产权保护制度,"弹簧门"等事件依然存在,实现公平性、合理性、透明性和高效性还需努力。另一方面,在市场准入、市场竞争等环节也存在一些需要完善的地方,如投资门槛过高、市场恶意竞争、投资后没有保障等问题依然存在。法律规章制度的缺失无法为外商提供合理的解决渠道。

第四,监察管理力度不够。一方面,目前国内相关监管的及时性、有效性、协同性不高,监管制度并不能充分且有效地保障投资者和被投资者的权益,这会挫伤外商投资业务时的信心,在做决策时左顾右盼摇摆不定。另一方面,对监管机构的监管也存在监管不严的现象,会致使监管部门在面对投资监管时无法落到实处,给不法分子可乘之机,破坏投资环境,恶化投资目的,拉低世界其他国家对我们的评价,进而削弱投资意向。

从国际循环来看,京津冀吸引外资的劣势主要体现在以下几个方面:

第一,贸易保护主义盛行。继英国脱欧、美国相继退出跨太平洋战略经济伙伴协定、巴黎协定、联合国教科文等组织后,世界经济中氤氲的反全球化思潮越来越浓烈。2017年8月14日,特朗普下令依据《美国贸易法》"301条款"对中国是否侵犯美国知识产权展开调查,这被看作中美贸易摩擦的开端。时至今日,中美贸易依旧存在诸多有待协商的地方,这势必会影响两国甚至中国与世界各国的经济往来。而大国诸如美国所践行的贸易保护主义也势必会影响其他国家贸易动向,进而影响其他国家对京津冀地区的投资意愿。

第二,疫情离散了国际间合作密度。疫情已经给世界经济蒙上了一年多的阴影,且这种阴影还在朝着更大更久的方向狂奔。有报道称疫情肆虐给世界经济造成的直接损失远超"二战"所造成的损失,间接性、持续性的损失更是无法估量。目前,世界尚未恢复明朗,各国依旧保持相对封闭状态,不再把依靠与其他国家的合作当作发展经济的主要渠道,而将目光转向国内经济循环。各国从原来的"你中有我我中有你"转向"孤立分散自成一家"的状态,将进一步加大京津冀地区引进外资的困难程度。

第三,经济下行加剧投资不确定性。2020年3月,美国股市连续8个交易日内熔断四次,国人直呼见证历史。目前全球经济依然面临巨大不确定性,面对越来越多消失的企业,更多企业只想扛过这个难熬的"冬天",并没有精力开展新一轮投资行动,维稳成了众多企业的首选之举。不仅如此,不少国家纷纷出台撤资政策,要求企业子公司或分公司尽快撤离本国以外的重点区域,这也成为众多企业欲走出国门的"禁行令"。在此背景下,京津冀地区想要吸引外资,转被动为主动,化劣势为优势,或将面临不少挑战。

第四,外商投资受限于国际投资格局。当今世界正面临百年未有之大变局,变化体现在各行各业、各个方面,其中也包括国际投资。目前投资限制措施依旧存在,投资行政流程也尚未得到合理优化,投资保护性规则所造成的影响也在不断加大。加之美国投资保护主义逐渐抬头,主要投资国的政策方向调整将成为影响跨国资金流向的重要向导。他们不仅通过税制改革控制企业的对外投资,还采取不断减税政策吸纳国际资本。美国新政也会对国际投资格局产生影响,这也将影响其他新兴国家的外资政策调整。这些都将影响京津冀地区对于外商直接投资的实际吸引力。

第三节 京津冀吸引外资效率和潜力

为更好地测量京津冀三地吸引外资的潜力,在此使用联合国贸易和发展会议(UNCTAD)发布的《世界投资报告》中提及的FDI"业绩指数"及"潜力指数"对京津冀各地区外资利用进行差异性分析。

一、效率指数

根据 UNCTAD 的定义,FDI 效率可以用业绩指数衡量,是指在一段时间内(一般为一年),一个国家 FDI 流入量在全球 FDI 总量中所占的比重与这个国家的 GDP 在全球 GDP 总量中所占比重的比值,其根据某一地区的经济规模衡量相对应吸引外资的能力。为研究得更深入,我们用地区数据代替定义中的一个国家的数据,则 2018 年地区 j 吸引外资的业绩指数计算方法如下:

$$\text{FERF}_j = \frac{\text{FDI}_j/\text{FDIT}}{\text{GDP}_j/\text{GDPT}} \tag{2-1}$$

其中,FDI_j 代表 j 地区当年 FDI 流入量,FDIT 是指 j 地区的所辖地当年 FDI 流入总量,GDP_j 代表 j 地区当年生产总值,GDPT 是指 j 地区所辖地当年生产总值。我们根据2006~2019年部分数据整理了京津冀地区FDI流入量,并对三地进行了业绩指数排名,如表2-1、表2-2和图2-1所示。

表2-1 2006~2019年京津冀地区FDI流入 单位:亿元

年份	北京市FDI	天津市FDI	河北省FDI	京津冀FDI
2006	362.87	329.30	160.58	852.75
2007	385.20	401.32	183.73	970.25
2008	422.38	515.31	237.43	1175.12
2009	418.12	616.15	245.80	1280.06
2010	430.78	734.40	259.32	1424.51
2011	455.63	843.26	302.33	1601.23
2012	507.63	947.91	366.43	1821.96
2013	527.92	1042.25	399.29	1969.46
2014	555.36	1158.95	391.42	2105.73
2015	809.46	1316.34	384.76	2510.56
2016	865.40	670.90	488.47	2024.77
2017	1642.65	716.22	573.19	2932.07
2018	1145.53	321.01	600.86	2067.40
2019	980.48	326.41	679.50	1986.40
近5年比重均值	47.16%	28.39%	24.45%	100%

资料来源:北京市统计局、天津市统计局、河北省统计局、《河北省统计年鉴(2019年)》。

表2-2 2006~2019年京津冀地区业绩指数

年份	北京市业绩指数	天津市业绩指数	河北省业绩指数
2006	1.76	2.91	0.55
2007	1.77	3.46	0.61
2008	1.83	3.70	0.72
2009	1.91	4.55	0.79
2010	1.71	4.45	0.71
2011	1.80	4.79	0.79
2012	2.14	5.54	1.04
2013	2.15	5.82	1.13

续表

年份	北京市业绩指数	天津市业绩指数	河北省业绩指数
2014	2.28	6.45	1.16
2015	3.08	6.97	1.13
2016	3.01	3.35	1.36
2017	5.51	3.63	1.58
2018	3.56	2.47	1.90
2019	2.88	2.41	2.01
近5年平均值	3.61	3.77	1.60

资料来源：根据北京市统计局、天津市统计局、河北省统计局、《河北省统计年鉴（2019年）》数据计算整理。

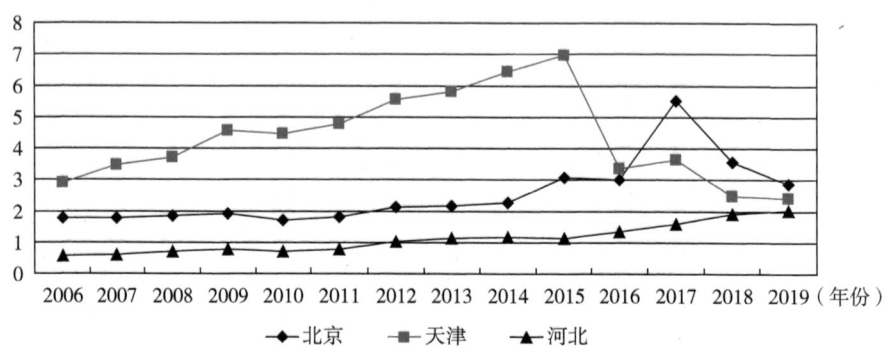

图2-1 2006~2019年京津冀地区业绩指数趋势

由表2-1、表2-2和图2-1，我们可以分析如下：

第一，从京津冀整体FDI流入量分析。京津冀地区FDI流入在2006~2011年不断攀升，近几年趋于稳定，但三地流入水平差距较大。2015~2019年，北京市流入的FDI量接近京津冀地区整体FDI流入量的一半，而河北地区只占1/4左右。

第二，从三地FDI流入的整体业绩水平分析。我们通常认为，外资业绩指数都大于1，则为外资业绩较好；外资业绩指数在1附近浮动，则为外资业绩一般；外资业绩指数小于1，则为外资业绩较差。由三地业绩指数可得，2006~2019年，京津两地外资业绩较好，河北省外资业绩起步时较差，近年来不断发展，也已成为外资指数较好地区,与京津的差异在不断减少。

第三,从三地外资业绩发展趋势分析。2006~2015 年,京津冀三地外资业绩指数不断攀升,说明京津冀都市圈整体吸引外资的能力在不断攀升,但北京地区发展速度远超津冀两地,三地差距不断拉大。2015 年后,河北地区外资业绩指数增幅明显上升,而京津两地整体业绩指数不断下降。三地差异逐渐缩小,吸引外资的整体实力不断上升,这可能是京津冀协同发展规划初见成效。

为更好地分析京津冀地区整体吸引外资的业绩能力与潜力,我们基于2018年各地区数据对北京各区、天津各区和河北省各市进行了整体意义上的业绩指数评估,并依据得到的业绩指数得分在所辖省市和京津冀地区进行排名,如表 2-3 所示。

表 2-3 2018 年京津冀内部业绩指数及排名

地区	业绩指数	本省/市排名	京津冀排名	地区	业绩指数	本省/市排名	京津冀排名
秦皇岛市	2.579	1	1	东城区	0.438	8	23
海淀区	2.053	1	2	平谷区	0.355	9	24
顺义区	1.687	2	3	怀柔区	0.329	10	25
昌平区	1.629	3	4	门头沟区	0.264	11	26
滨海新区	1.429	1	5	西城区	0.210	12	27
大兴区	1.399	4	6	武清区	0.143	5	28
廊坊市	1.169	2	7	红桥区	0.143	6	29
邢台市	1.147	3	8	静海区	0.126	7	30
朝阳区	1.140	5	9	南开区	0.123	8	31
张家口市	1.080	4	10	房山区	0.100	13	32
通州区	1.074	6	11	延庆区	0.098	14	33
宁河区	0.989	2	12	蓟州区	0.081	9	34
石景山区	0.989	7	13	密云区	0.064	15	35
石家庄市	0.966	5	14	津南区	0.061	10	36
唐山市	0.928	6	15	东丽区	0.060	11	37
邯郸市	0.812	7	16	河西区	0.058	12	38
沧州市	0.737	8	17	丰台区	0.016	16	39

续表

地区	业绩指数	本省/市排名	京津冀排名	地区	业绩指数	本省/市排名	京津冀排名
保定市	0.694	9	18	和平区	0.015	13	40
衡水市	0.685	10	19	宝坻区	0.008	14	41
北辰区	0.675	3	20	河北区	0.002	15	42
西青区	0.538	4	21	河东区	0.000	16	43
承德市	0.448	11	22				

资料来源：根据北京市统计局、天津市统计局、河北省统计局、《河北省统计年鉴（2019年）》数据计算整理，由于滨海新区2018年GDP未公布，故使用其官方宣称的2016年GDP代替。

由表2-3，我们可以分析如下：

第一，河北省秦皇岛市为2018年京津冀外资业绩指数得分最高的地区，这可能与秦皇岛市的地理位置与经济发展模式有关。秦皇岛市是我国最早的自主通商口岸、14个首批沿海开放城市之一，是华北、东北和西北地区重要的出海口，也是环渤海地区重要的港口城市，因此，吸引利用外资业绩良好。

第二，北京市海淀区、顺义区和昌平区分别位列京津冀外资业绩指数得分第二位、第三位、第四位。海淀区位于北京市经济核心圈，坐拥中关村产业科技园，拥有数量庞大的高校人才，是吸引外资的绝佳条件；顺义区是我国20家最佳投资区之一，机场周边拥有众多工业开发区，基础设施配套充足；昌平区拥有超过1200家国家高新技术企业，越来越多高校设立昌平校区，被称为"北京后花园"的昌平拥有众多科技发展动力与高新技术人才来吸引外资。

第三，天津市滨海新区跻身京津冀地区外资业绩指数得分前五位，也是天津市得分最高的区域。滨海新区是我国北方对外开放的门户、北方国际航运中心，是"一带一路"建设的重点地区，京津冀协同中的"滨海—中关村科技园"项目也在深度推进，其港口、航空、旅游、商务发展齐头并进，吸引外资的实力不断增强。

二、潜力指数

潜力指数从一个地区的经济、教育、科技、开放程度等几个方面评估其未来一段时间吸引 FDI 的能力，我们参照 UNCTAD 所给出的指标，结合京津冀地区的发展与数据的可获得性，选择以下 5 个变量刻画外资潜力：①人均 GDP，用来表示地区经济发展水平。②近 8 年经济增速，用来表示地区经济发展趋势。③FDI 占 GDP 的比重，用来表示地区开放程度。④中学受教育人数占本地区总人数的比重，用来表示受教育程度。⑤科研经费占 GDP 的比重，用来表示本地区科技发展水平。

对于每个变量的计算方法，以人均 GDP 为例，将某个地区人均 GDP 值减去 43 个地区中人均 GDP 的最小值，再将这个差值除以 43 个地区中人均 GDP 的最大值最小值的差，便得到该地区人均 GDP 的指数值。以此类推，指数 1 代表人均 GDP，指数 2 代表近 8 年经济增速，指数 3 代表 FDI 比重，指数 4 代表受教育人数比重，指数 5 代表研发投入所占比重。外资潜力指数即取这 5 个指数的算数平均值。一个地区潜力指数的计算方法如下：

$$\text{FDIQL}_i = \frac{1}{5}\sum_{j=1}^{5}\left(\frac{V_{ij} - V_{\min.j}}{V_{\max.j} - V_{\min.j}}\right) \quad (2-2)$$

其中，变量 V_{ij} 代表 i 地区 j 指标的数值，$V_{\min.j}$ 即为 j 指标全部观测值下的最小值，$V_{\max.j}$ 为 j 指标全部观测值下的最大值。每个指数值最小为 0，最大为 1，每个外资潜力指数的数值也均位于 0～1，越靠近 1 则代表吸引外资的能力越强。我们根据有关数据，对京津冀各地区的外资潜力指数进行了计算排名，结果如表 2-4 所示。

表 2-4 京津冀地区潜力指数排名

地区	所辖省/市	指数 1	指数 2	指数 3	指数 4	指数 5	平均值	综合排名
海淀区	北京市	0.4993	0.4467	1.0000	0.2941	1.0000	0.6480	1
武清区	天津市	0.2294	1.0000	0.0425	0.5140	0.2686	0.4109	2
昌平区	北京市	0.0491	0.4106	0.7719	0.0000	0.7067	0.3877	3
顺义区	北京市	0.3989	0.3631	0.7275	0.1785	0.2373	0.3810	4
西城区	北京市	1.0000	0.3255	0.0992	0.4326	0.0428	0.3800	5
东城区	北京市	0.8055	0.2903	0.2106	0.4941	0.0090	0.3619	6
宁河区	天津市	0.1882	0.5566	0.2939	0.4193	0.2022	0.3320	7

续表

地区	所辖省/市	指数1	指数2	指数3	指数4	指数5	平均值	综合排名
和平区	天津市	0.7008	0.2206	0.0044	0.6825	0.0000	0.3216	8
朝阳区	北京市	0.4276	0.3742	0.5343	0.0513	0.2036	0.3182	9
大兴区	北京市	0.2897	0.3803	0.2295	0.0400	0.6344	0.3148	10
廊坊市	河北省	0.1088	0.4058	0.2676	0.5993	0.1682	0.3099	11
滨海新区	天津市	0.5895	0.0000	0.4249	0.1784	0.3402	0.3066	12
秦皇岛市	河北省	0.0650	0.1307	0.5903	0.5198	0.2085	0.3029	13
衡水市	河北省	0.0135	0.1957	0.1567	1.0000	0.1339	0.2999	14
通州区	北京市	0.0790	0.4804	0.5450	0.0906	0.2647	0.2919	15
石景山区	北京市	0.2179	0.2886	0.5424	0.1233	0.1921	0.2728	16
保定市	河北省	0.0109	0.1748	0.1588	0.6940	0.3013	0.2680	17
津南区	天津市	0.1715	0.5521	0.0179	0.1736	0.4072	0.2644	18
宝坻区	天津市	0.1287	0.5793	0.0024	0.4299	0.1784	0.2637	19
西青区	天津市	0.2634	0.2428	0.1600	0.1582	0.4904	0.2630	20
静海区	天津市	0.1794	0.4957	0.0375	0.5521	0.0227	0.2575	21
唐山市	河北省	0.1588	0.0382	0.2124	0.5519	0.3193	0.2561	22
邯郸市	河北省	0.0234	0.0252	0.1857	0.8415	0.1974	0.2546	23
北辰区	天津市	0.2482	0.3138	0.2007	0.1317	0.3697	0.2528	24
石家庄市	河北省	0.0680	0.1134	0.2212	0.5800	0.2736	0.2512	25
邢台市	河北省	0.0000	0.1250	0.2626	0.6765	0.1332	0.2395	26
怀柔区	北京市	0.1448	0.3378	0.1707	0.1894	0.3247	0.2335	27
沧州市	河北省	0.0499	0.0704	0.1685	0.6438	0.1788	0.2223	28
密云区	北京市	0.1026	0.3517	0.0288	0.2866	0.2707	0.2081	29
门头沟区	北京市	0.0912	0.3755	0.1395	0.1532	0.2444	0.2007	30
承德市	河北省	0.0361	0.0991	0.1025	0.6479	0.1164	0.2004	31
南开区	天津市	0.1542	0.5407	0.0366	0.1687	0.0605	0.1921	32
张家口市	河北省	0.0175	0.0687	0.2471	0.5743	0.0418	0.1899	33
东丽区	天津市	0.3009	0.2063	0.0177	0.1343	0.2882	0.1895	34
平谷区	北京市	0.0858	0.3544	0.1675	0.1995	0.1028	0.1820	35

续表

地区	所辖省/市	指数1	指数2	指数3	指数4	指数5	平均值	综合排名
延庆区	北京市	0.0517	0.4057	0.0496	0.2114	0.1662	0.1769	36
蓟州区	天津市	0.0477	0.1974	0.0239	0.5623	0.0182	0.1699	37
河西区	天津市	0.2356	0.3082	0.0172	0.2440	0.0182	0.1646	38
房山区	北京市	0.1131	0.3203	0.0432	0.1630	0.1481	0.1575	39
丰台区	北京市	0.1417	0.3468	0.0076	0.0063	0.1491	0.1303	40
红桥区	天津市	0.0313	0.2200	0.0424	0.1356	0.0207	0.0900	41
河东区	天津市	0.0539	0.2411	0.0000	0.1266	0.0125	0.0868	42
河北区	天津市	0.0852	0.0404	0.0005	0.1455	0.0154	0.0574	43

资料来源：根据北京市统计局、天津市统计局、《天津市滨海新区统计公报（2018年）》、天津市科学技术局、河北省统计局、《河北省统计年鉴（2019年）》数据计算整理，由于滨海新区2018年GDP未公布，故使用其官方宣称的2016年GDP代替。

由表2-4，我们可以简单得出如下四点信息：

第一，北京市、天津市内部各区在吸引外资潜力方面差异较大。北京市既有潜力指数得分最高的海淀区，也有排名末端的丰台区；天津市既有整体排名位居第二的武清区，也有垫底的河东区、河西区。这说明北京市、天津市在吸引外资时的区位差异较大，内部吸引外资布局不均。

第二，河北省内部各市吸引外资潜力的差异相对较小，但在京津冀三地中河北省吸引外资的潜力并不突出。在京津冀43个地区的外资潜力指数排名中，河北省各市区没有出现在排名后十位，也没有出现在排名前十位，大多聚集在中间靠后的位置，没有表现突出的区域。

第三，北京市海淀区吸引外资头部优势明显，其得分几乎是排名第三得分的2倍。海淀区在开放程度与科研投入方面均位于京津冀首榜，在经济发展与教育水平方面也无严重缺陷，其优越的综合能力吸引外资潜力巨大。

第四，有些地区外资潜力指数与业绩指数差异较大。例如，业绩指数排名第一的秦皇岛市，在外资潜力指数排名中仅为第十三位，这可能是因为秦皇岛市近几年的经济增速不算太高。又如，天津市武清区在外资业绩指数排名中间靠后，而在外资潜力指数排名中跻身第二，这可能是近几年武清区经济发展水平提升较快的原因。

通过分析我们发现，一个地区的业绩指数与潜力指数之间可能有不可分割的联系，接下来我们使用业绩指数与潜力指数，对京津冀43个地区进行交叉分析，如图2-2所示。

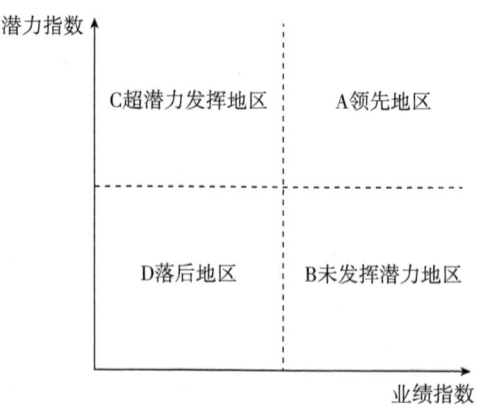

图2-2　业绩指数和潜力指数交叉示意

根据一个地区业绩指数与潜力指数所处位次，我们将其分为四种类型。A类地区为领先地区，其业绩指数与潜力指数排名均位于前50%；B类地区为未发挥潜力地区，顾名思义，即业绩指数排名位于前50%，但潜力指数排名没有位于前50%；C类地区为超潜力发挥地区，即潜力指数排名位于前50%，但业绩指数排名没有达到前50%；D类地区为落后地区，即业绩指数与潜力指数排名均没有达到前50%。交叉分析结果如图2-3至图2-6所示（排序不分先后）。

由图2-3至图2-6，我们可以分析如下：

第一，43个地区按其业绩指数与潜力指数的交叉被分为四类地区：

领先地区包括北京市海淀区、北京市昌平区、北京市顺义区、天津市宁河区、北京市朝阳区、北京市大兴区、河北省廊坊市、天津市滨海新区、河北省秦皇岛市、河北省衡水市、北京市通州区、北京市石景山区、河北省保定市13个地区。

未发挥潜力地区包括河北省邯郸市、天津市北辰区、河北省石家庄市、河北省邢台市、河北省沧州市、河北省张家口市、河北省唐山市7个地区。

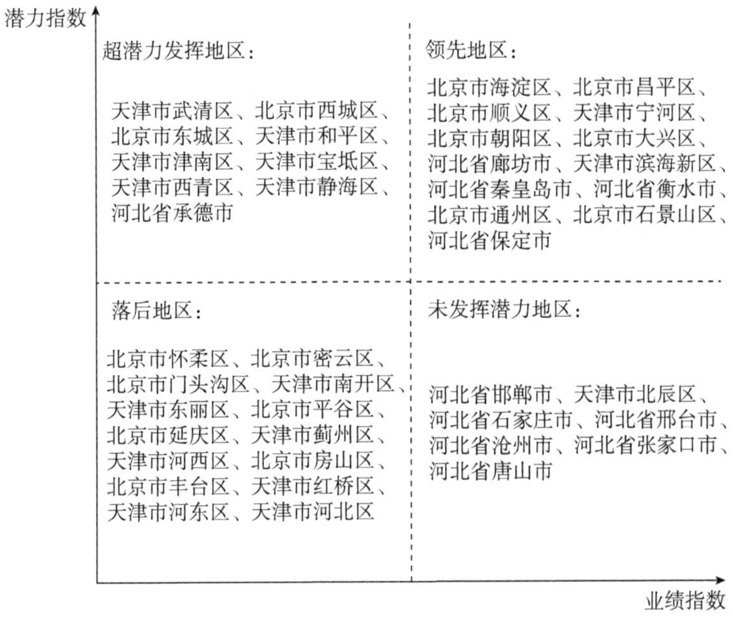

第二章　双循环背景下京津冀区域外资发展潜力

潜力指数 ↑

超潜力发挥地区：
天津市武清区、北京市西城区、
北京市东城区、天津市和平区、
天津市津南区、天津市宝坻区、
天津市西青区、天津市静海区、
河北省承德市

领先地区：
北京市海淀区、北京市昌平区、
北京市顺义区、天津市宁河区、
北京市朝阳区、北京市大兴区、
河北省廊坊市、天津市滨海新区、
河北省秦皇岛市、河北省衡水市、
北京市通州区、北京市石景山区、
河北省保定市

落后地区：
北京市怀柔区、北京市密云区、
北京市门头沟区、天津市南开区、
天津市东丽区、北京市平谷区、
北京市延庆区、天津市蓟州区、
天津市河西区、北京市房山区、
北京市丰台区、天津市红桥区、
天津市河东区、天津市河北区

未发挥潜力地区：
河北省邯郸市、天津市北辰区、
河北省石家庄市、河北省邢台市、
河北省沧州市、河北省张家口市、
河北省唐山市

→ 业绩指数

图 2-3　业绩、潜力指数交叉示意

潜力指数 ↑

超潜力发挥地区：
北京市东城区、北京市西城区

领先地区：
北京市海淀区、北京市昌平区
北京市顺义区、天津市宁河区
北京市朝阳区、北京市大兴区
北京市石景山区

落后地区：
北京市怀柔区、北京市密云区
北京市门头沟区、北京市平谷区
北京市延庆区、北京市房山区
北京市丰台区

未发挥潜力地区：
无

→ 业绩指数

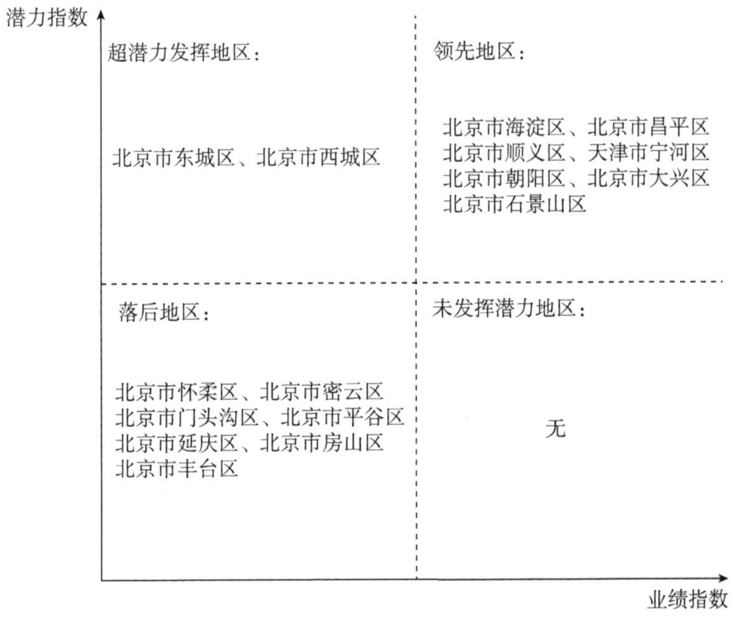

图 2-4　北京业绩、潜力指数交叉示意

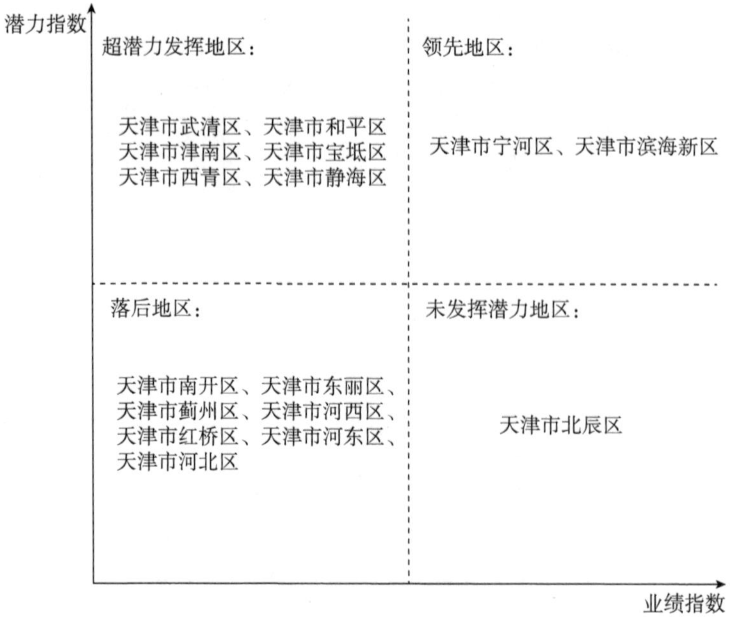

潜力指数 ↑

超潜力发挥地区：	领先地区：
天津市武清区、天津市和平区 天津市津南区、天津市宝坻区 天津市西青区、天津市静海区	天津市宁河区、天津市滨海新区

落后地区：	未发挥潜力地区：
天津市南开区、天津市东丽区、 天津市蓟州区、天津市河西区、 天津市红桥区、天津市河东区、 天津市河北区	天津市北辰区

→ 业绩指数

图 2-5 天津业绩、潜力指数交叉示意

潜力指数 ↑

超潜力发挥地区：	领先地区：
河北省承德市	河北省廊坊市、河北省秦皇岛市 河北省衡水市、河北省保定市

落后地区：	未发挥潜力地区：
无	河北省邯郸市、河北省石家庄市 河北省邢台市、河北省沧州市 河北省张家口市、河北省唐山市

→ 业绩指数

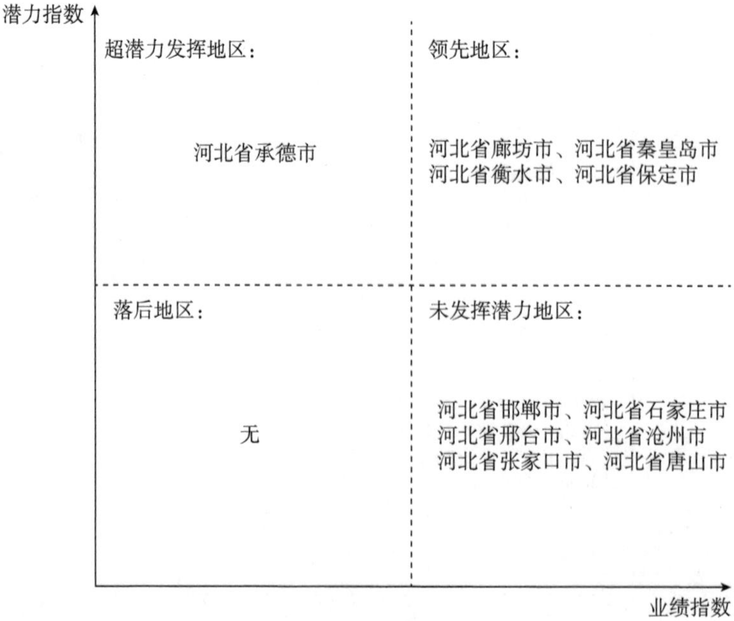

图 2-6 河北业绩、潜力指数交叉示意

超潜力发挥地区包括天津市武清区、北京市西城区、北京市东城区、天津市和平区、天津市津南区、天津市宝坻区、天津市西青区、天津市静海区、河北省承德市9个地区。

落后地区包括北京市怀柔区、北京市密云区、北京市门头沟区、天津市南开区、天津市东丽区、北京市平谷区、北京市延庆区、天津市蓟州区、天津市河西区、北京市房山区、北京市丰台区、天津市红桥区、天津市河东区、天津市河北区14个地区。

第二,领先地区北京市居多,未发挥潜力地区河北省居多,超潜力发挥地区天津市居多,落后地区北京市和天津市居多。这说明,北京市内部吸引外资能力头部效应强、差异大,天津市吸引外资潜力巨大,而河北省吸引外资的能力还有待改善。此外,三地各有特点:

北京市各区外资业绩指数与潜力指数匹配度高,唯有北京市东城区与西城区业绩指数较低、潜力指数较高。北京市东城区与西城区作为北京市核心老区,发展定位更多在于传承保护而非对外拓展,因此,其外资业绩指数不高,但作为首都核心区其综合实力有目共睹,故潜力指数高于业绩指数。

天津市依托天津港,对外活动频繁,吸引外资潜力巨大,但内部吸引外资能力不均。滨海新区是天津市重点发展区域,宁河区经济增速飞快、受教育人数占比高,都是吸引外资注入的新兴区域。而北辰区虽业绩指数排名比潜力指数排名靠前,但相差并不大:业绩指数排名第二十位、潜力指数排名第二十四位,整体处于中间水平。

河北省整体尚无吸引外资落后区域,吸引外资业绩指数较好,但外资潜力有待发掘。秦皇岛市的对外贸易、廊坊市势头正猛的经济增速、衡水市和保定市的教育发展都是河北省吸引外资的有效优势;承德市虽然业绩指数不是很高,但旅游业发达、综合发展势头较好,吸引外资前景广阔;河北其他地区吸引外资潜力有待发掘。

第三,大部分地区业绩指数与潜力指数所处排名段位相似,即业绩指数排名靠前的地区一般其潜力指数也靠前,业绩指数排名靠后的地区其潜力指数排名一般也靠后。这说明业绩指数与潜力指数是有一定关联的。本节业绩指数反映的是某地在2018年及之前一段时间吸引外资的能力,潜力指数反映的是这一地区在

2018年及之后的一段时间吸引外资的潜力，一般吸引外资能力强的地区，其在之后的一段时间内吸引外资的潜力也不弱；而吸引外资潜力大的地区，其在这之前吸引外资的业绩也不会很低。少数地区业绩指数与潜力指数排名差异较大，这可能是因为除对外开放之外的其他因素限制了这个地区的外资潜力得分，或是除对外开放外的其他因素能力更强，使得业绩指数与潜力指数得分不相匹配。

第四节　后疫情时代京津冀吸收外资的展望

虽然新冠肺炎疫情给世界带来的影响还在持续，但越来越多疫苗的问世、一波又一波疫苗实验成功消息的传来无疑增强了世界对抗疫情必胜的信心，世界已然进入了后疫情时代。目前，世界经济依然充满不确定性，各国也不断出台各种措施以恢复、刺激国民经济。展望未来，京津冀地区吸引外资的潜力巨大。双循环背景给予了京津冀在新时代吸引外资新的推动力，后疫情时代赋予了京津冀吸引外资新的使命，京津冀协同发展加快三地良性联动速度，京津冀吸引外资有望实现新的突破。

从国内循环来看，京津冀地区可以从以下几个方面提升吸引外资的能力：

第一，立足京津冀三地不同定位，发挥三地比较优势，加快推进京津冀区域协同建设。一方面，发挥北京地区高新科技产业发展的优势、天津地区航空贸易优势、河北省工业发展和沿海贸易的优势，疏解北京非首都功能，推进河北城镇一体化建设，实现三地资源配套协调与互惠共享；另一方面，针对京津冀三地内部区域的"短板""瓶颈"产业进行补足完善，如科技"短板"可加强与北京市海淀区等科技较为发达的地区合作，逐渐补齐"短板"，提升吸引外资的综合能力。

第二，构建京津冀三地共享外资平台，促进外资合理流入。目前，京津冀三地在综合实力与吸引外资能力方面还存在较大差距，结合三地发展的比较优势，可建立外资共享平台，分行业、分地区、分类型将吸引外资过程公开透明。一方面，公开透明的引资平台减少了许多非必要的冗余流程，使引资更高效便捷，进一步增强了地区引资能力;另一方面,共享平台的建立使京津冀三地更好地实现资源互惠共享,进一步提升了外资利用效率,推进了京津冀三地协同性,在一定程度上也增强了吸引外资的能力。

第三,增加科研投入,走科教兴国、人才强国的可持续发展之路,提高科技竞争力。根据联合国贸发会公布的外资潜力指数影响因子,可以发现影响吸引外资的是某一地区各个因素的综合,其中,科技教育是不可忽视的因素。北京是京津冀三地科技发展的主战场,同时拥有较多的高校人才和较多的科研投入,可发挥带头作用助力津冀地区科教事业发展,积极开拓科教产业园,推动产学研深度融合;此外,可加强科研交流,通过定期举办京津冀科研论坛,助力科教交流,从而推进京津冀地区整体科教建设,提升地区吸引外资能力。

第四,完善相关引资政策,降低引资门槛,加强监管力度。我国外资准入方面的法律法规和规章制度还存在欠缺,需结合京津冀三地发展定位与综合实力全方位完善。一方面,删减冗余流程,提升引资审批效率,保障来资方来资后的合法权益;另一方面,针对部分地区与部分行业,合理调控外资准入门槛,保障外资质与量。此外,在外资准入监管方面,要切实加强监管力度,启动再监管审查机制,全力保障外资进入流程的合法性与合理性。

从国际循环来看,京津冀地区可以从以下几个方面提升吸引外资的能力:

第一,积极加入各种组织,加强区域建设合作。自20世纪以来,中国加入了包括世界贸易组织、亚太经合组织、中国—东盟自由贸易区、上海合作组织等众多国际性合作组织和区域合作组织,在各种不同的组织中,中国担当不同角色,唯一不变的是国际间的交流与合作。京津冀地区也可走出国门,在国际上建立友好城市或友好合作区域,达到国际合作交流的双向良性循环,以吸引优质外资进入。

第二,利用好"一带一路"相关建设,加强资金往来。当前,我国"一带一路"项目开展得如火如荼,即便新冠肺炎疫情使全球经济封闭性上升,"一带一路"部分项目依旧将友好国家间的命运连在了一起,如2020年7月第八次中欧经贸支持"一带一路"倡议和欧盟的欧亚互联互通战略对接等将进一步推进国家间经济的双向开放。京津冀也可通过"一带一路"间的部分项目推进经济开放,以吸引外资注入。

第三，促进经济增长，稳固大国地位，牢牢掌握国际话语权，增强国际可靠性。目前，经济水平依然在综合实力中占据较大权重，经济充分发展是各行各业蓬勃发展的前提，也是一个国家地区有话语权的基础。京津冀地区要提升外资吸引力，不仅要充分推进经济发展，也要充分发挥北京地区的首都功能和"领头羊"作用，不断扩大辐射半径，不断推进区域乃至全国经济发展，保持国际话语权，才能吸引更多、更好、更优质的外资。

第四，反对贸易单边主义，积极提倡维护经济全球化。即便新冠肺炎疫情使各国逐渐关闭国门、封锁经济，但是大势所趋依旧没有改变。特别是在新冠肺炎疫情还未消散的前提下，各个国家各个区域更不应该独善其身，只有秉持团结起来的观念，才能安稳度过疫情影响、逐渐恢复经济。中国正在秉持并不断践行，京津冀地区作为包含首都经济圈的一大城市群更应以实际行动反对贸易单边主义，倡导维护经济全球化。

第三章 京津冀外资分布与人口分布的关系

第一节 理论机制与文献述评

一、人口迁移的推—拉理论

推—拉理论的起源可以追溯到 19 世纪。最早对人口迁移进行研究的学者是英国的雷文斯坦（E. Ravenstien）。他在 1880 年《人口迁移规律》一书中提出了七条人口迁移规律：

第一，人口的迁移主要是短距离的，方向是朝工商业发达的城市的；

第二，流动的人口首先迁居到城镇的周围地带，然后又迁居到城镇里面；

第三，全国各地的流动都是相似的，即农村人口向城市集中；

第四，每一次大的人口迁移也带来了作为补偿的反向流动；

第五，长距离的流动基本上是向大城市的流动；

第六，城市居民与农村居民相比，流动率要低得多；

第七，女性流动率要高于男性。

雷文斯坦的观点被认为是人口转移"推—拉"理论的渊源。

系统的人口转移"推—拉"理论则是唐纳德·博格（D. J. Bogue）于 20 世纪 50 年代末明确提出的。其主要观点为：从运动学的观点看，人口转移是两种不同方向的力相互作用的结果：一种是促使人口转移的力量，即有利于人口转移的正面积极因素；另一种是阻碍人口转移的力量，即不利于人口转移的负面消极因素。在人口迁出地，存在一种起主导作用的"推力"，把原居民推出其常居住地。产生推力的因素有自然资源枯竭、农业生产成本增加、农村劳动力过剩导致的失业与就业不足、较低的经济收入水平等。必须指出，在迁出地存在"推"人口转移的因素的同时，也存在"拉"人口的若干因素，如家人团聚的快乐、熟悉的社区环境、在出生和成长地长期形成的社交网络等。只不过比较起来，迁出地的"推"的力量比"拉"的力量大，占有主导地位。同样，在转入地，存在一种起主导作用的"拉"力把外地人口吸引过来。产生"拉"力的主要因素是：较多的就业机会、较高的工资收入、较好的生活水平、较好的受教育机会、较完善的文化设施和交通条件、较好的气候环境等。

由于传统农业部门人口过剩，而耕地数量是有限的，加之生产技术简单很难有突破性进展，生产的产量在达到一定的数量之后，基本无法再增加，所以每增加一个人所增加的产量几乎为零，即农业生产中的边际生产率趋于零，有时甚至是负增长，那部分过剩的劳动力被称为"零值劳动人口"。正是由于大量的"零值劳动人口"的存在，才导致发展中国家经济发展水平长期处于低水平，造成城乡差距。在城市现代工业体系中，各工业部门具有可再生性的生产资料，生产规模的扩大和生产速度的提高可以超过人口的增长，所以可以从农业部门吸收农业剩余劳动力。由于工业部门所支付的劳动力价格只要比农业部门的收入略高，农业剩余劳动力就会选择到工业部门去工作，所以农村劳动力是廉价的，这样工业部门可以支付较少的劳动报酬，而把多余资本再投入到扩大再生产的过程中，这样一来又可以吸收更多的农民到工业部门，形成一个良性运行过程，促使农业剩余劳动力的非农转移，使二元经济结构逐步削减。

二、文献述评

从研究结果的角度来看，大多数国内学者认为FDI，尤其是在发展中国家，对产业结构的优化有促进作用。赵红（2006）认为，FDI促进了产业结构的优化，但是FDI与产业结构的变化间没有长期稳定的关系。随着我国经济的发展，还有一部分学者认为，FDI与产业升级的关系在逐渐减弱。陈继勇、盛杨怿

(2007)认为,中国引进FDI带来的资本供给效应和技术溢出效应促进了先进高效产业结构的发展。但是,受当前外国投资结构和质量的影响,产业结构发展不平衡,由此对中国的工业发展和结构优化影响有限。Yanfei Yin(2011)认为,产业升级与外商直接投资具有长期稳定的关系,但产业升级的变化更多地取决于自身的变化以及迫使外资撤离中国等原因。从研究对象的角度来看,大多数研究京津冀发展情况的学者认为,外资促进了京津冀的产业结构优化,促进形式主要是FDI带来产业集聚,投资带来技术外溢,流入高素质人才等。陆佳源(2016)认为,京津冀地区FDI逐渐集聚,但产业结构差异大并且FDI对周边的产业升级有明显促进作用。刘泽平(2016)结合面板数据建立线性模型进行实证分析,得出FDI流入对北京市的产业结构优化促进作用最大,其次是天津市,最后是河北省的结论。

从研究结果的角度来看,多数学者认为FDI对发展中国家城市化有促进推动作用,尤其在大型发达城市及城市群中这种推动作用更加明显。Hein(1992)通过研究国际间资本流动对发展中国家的经济发展和城市化进程的情况佐证了FDI对发展中国家的城市化有积极的作用,但城市化对FDI的影响并不显著。朱文强(2018)得出结论,FDI对我国的工业化起到了重要的推进作用,我国的工业化和城市化是同时进行的,外资流入与城市化是相互促进的正向关系。从研究方法的角度来看,大部分研究使用了实证分析的分析方法。黄娟(2011)用因子分析法挑选了影响城市化水平的因素,建立评价指标体系,对城市化水平进行测度与检验。结果表明,在城市化综合水平较高的地区,FDI对城市化水平有积极影响,而在城市化综合水平较低的地方,则影响较小甚至为负面影响。

第二节 京津冀外资利用与人口分布概况

一、北京市的FDI利用情况和人口布局

自改革开放以来,北京市作为我国的首都,吸引了大量的外资进入。1979~

1990年，是北京市利用FDI的探索阶段，当时北京市利用外资的各部分配套设施、法律法规还不甚完善，经济发展不甚发达，故而吸引外资的产业面较窄，外商直接投资的规模较小。这一阶段，外商投资的产业以合资酒店和电子制造业为主。1991~2000年，是北京市利用FDI的快速发展阶段，在这10年间，北京市的外资流入量加大，增速加快，直接投资规模较大，投资产业更加多元化。随着我国工业化水平的提高，高新技术产业吸引了外资的注意，欧美发达国家的投资比例逐渐增高，既提高了北京市企业的技术水平，也改善了北京市外资的来源结构。2001年至今，是北京市利用FDI的高质量发展阶段，我国在2001年成功加入WTO，吸引外国直接投资也迈上了一个新的台阶。随着北京市的经济环境愈加成熟，政策法规越发健全，吸引外资的规模也随之增大，渠道更广，质量得到明显提高。总体来看，北京市利用外资的状况正在向大规模、高质量、优结构的方向迈进。

如表3-1所示，2000年北京市的实际利用外资金额较大，后续几年呈波动性增长。2001~2013年，实际利用外资金额每年稳定小幅上涨，2014~2018年，该金额大幅上涨，并且在全国所占的比例也同时迅猛上升，2017年北京市流入的外资金额甚至占到了全国金额的18.57%，为243.29亿美元，绝对地高于全国的平均水平。

表3-1　2000~2018年北京市实际利用FDI金额与占全国比重

单位：亿美元，%

地区 年份	北京市 实际利用 外资金额	全国 实际利用 外资金额	占全国 比重	地区 年份	北京市 实际利用 外资金额	全国 实际利用 外资金额	占全国 比重
2000	24.58	407.15	6.04	2010	63.64	1057.35	6.02
2001	17.68	468.78	3.77	2011	70.54	1160.11	6.08
2002	17.90	527.43	3.39	2012	80.42	1117.16	7.20
2003	21.47	535.05	4.01	2013	85.24	1175.86	7.25
2004	30.84	606.30	5.09	2014	90.41	1195.62	7.56
2005	35.26	603.25	5.85	2015	129.96	1262.67	10.29
2006	45.52	658.21	6.92	2016	130.29	1260.01	10.34

续表

地区	北京市	全国		地区	北京市	全国	
年份	实际利用外资金额	实际利用外资金额	占全国比重	年份	实际利用外资金额	实际利用外资金额	占全国比重
2007	50.66	747.68	6.78	2017	243.29	1310.35	18.57
2008	60.82	923.95	6.58	2018	173.11	1349.66	12.83
2009	61.21	900.33	6.80				

资料来源：全国及北京市统计年鉴（2000~2018年）。

如图3-1所示，北京市第一产业利用的FDI金额比重较小，大部分投资集中在第二产业和第三产业。由于北京市的城市化水平逐年提高，所以第一产业包含的农、林、牧、渔业较少，并主要分布在郊区，产值较低。除了2014年占比为1.54%外，其余各年均未超过1%的比重。第二产业、第三产业逐渐成为北京市经济发展的主要力量，尤其在2005年根据"十一五"规划后，更加推进北京市"三、二、一"的产业结构调整方针。逐渐开始了第二产业的转型升级，更加注重发展环保、投资密集的航空航天、新能源、数据中心等高端技术产业。北京市的第三产业更是重中之重，根据各项政策的放宽，大量外资进入了金融业、软件和信息技术服务业以及科学研究和技术服务业等高端服务业，为北京市的产业链精细化、高端化做出贡献，地区产业结构得以日臻完善。

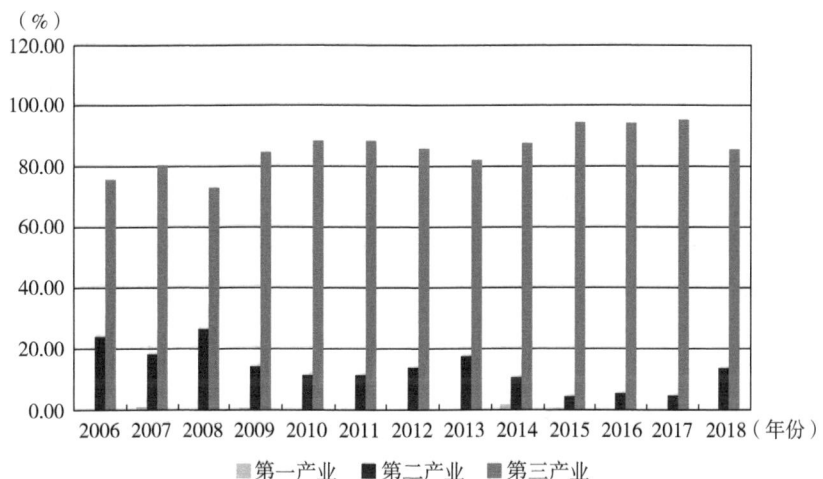

图3-1 2006~2018年北京市利用FDI的产业结构

资料来源：《北京市统计年鉴》（2006~2018年）。

从 2018 年的人口数据来看，朝阳区人口最多，为 360.5 万人，其次是海淀区和昌平区，分别为 335.8 万人和 210.8 万人，这三个区集中了全市 42.1% 的人口。此外，丰台区、大兴区、西城区、通州区、房山区和顺义区的常住人口总量也都突破百万。常住人口最少的区是门头沟区，只有 33.1 万人。如图 3-2 所示。

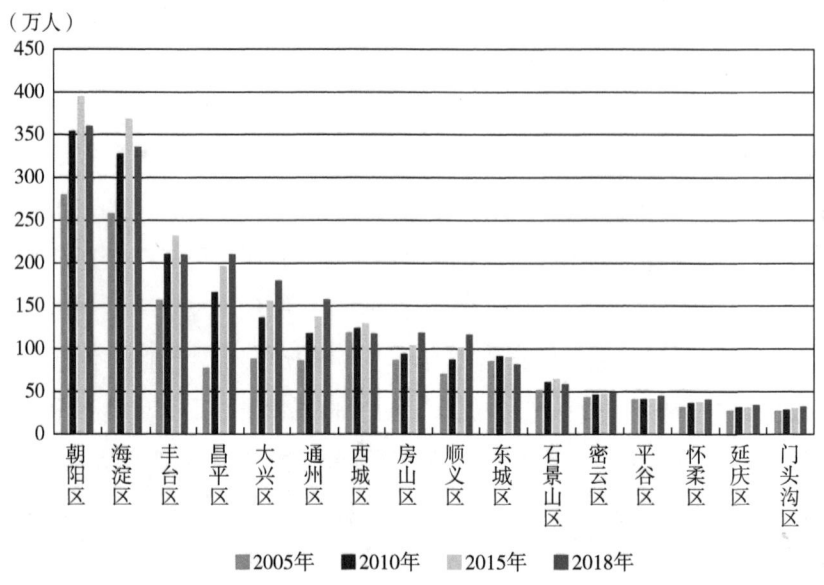

图 3-2　2005 年、2010 年、2015 年、2018 年北京市各区常住人口数

资料来源：《北京市统计年鉴》（2005～2018 年）。

从常住人口密度来看，北京市人口最稠密的两个区是西城区和东城区，这两个城区是北京市的老城区，拥有很多保护建筑和老旧小区，故而在有限的区面积下，人口显得尤其密集，以 2018 年的数据为例，西城区和东城区本年度人口密度为 2.33 万人/平方千米和 1.96 万人/平方千米。其余各区人口密度并未超过 1 万人/平方千米。延庆区多山，多农业产业发展，因而人口最为稀少，密度仅为 175 人/平方千米。如图 3-3 所示。

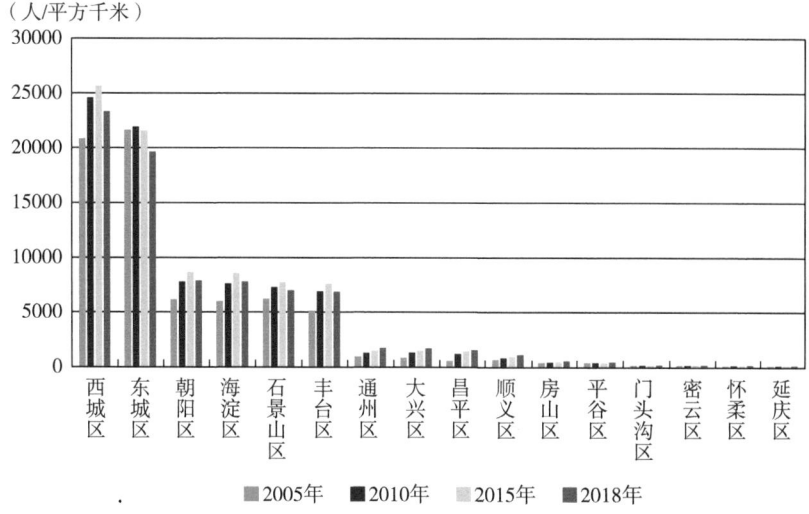

图 3-3 2005年、2010年、2015年、2018年北京市各区常住人口密度

资料来源：《北京市统计年鉴》（2005~2018年）。

二、天津市的 FDI 利用情况和人口布局

近十多年，天津市流入的外商直接投资增速明显，利用 FDI 的效率越来越高，有效地促进了天津市的经济发展和产业结构优化。

1979~1984年是天津市利用 FDI 的起步阶段，由于天津市的产业结构比较落后，城市经济发展不均，交通等基础设施建设不完善，所以这一阶段的 FDI 流入量很小，实际利用外资金额仅占全国的 0.16%。1985~2000年是天津市利用 FDI 的稳步增长阶段，这 15 年间，天津市利用的 FDI 总金额为 228.66 万美元，约占这 15 年全国比重的 4.55%。2007~2015年是天津市利用 FDI 的快速发展阶段，这期间天津市的实际利用外资金额总量一度是京津冀的最高值。2013年的实际利用外资总额更是占到了京津冀地区总量的 43%。2016年至今，天津市利用 FDI 到了一个"瓶颈"阶段，实际利用外资金额逐年下降，且相对于全国的所占比例也由全盛时期的 16.74% 跌至 3.59%。其原因是多样的，但是一直以来，天津市的外商投资结构并不是非常合理。多年来，天津市第一产业利用的外资均在总量的 0.1% 以下，低于京津冀乃至全国的第一产业利用外商投资的平均水平，是

天津市利用外商投资的短板产业，如表3-2所示。

表3-2 2000~2018年天津市实际利用FDI金额与占全国比重

单位：亿美元，%

地区 年份	天津市 实际利用 外资金额	全国 实际利用 外资金额	占全国 比重	地区 年份	天津市 实际利用 外资金额	全国 实际利用 外资金额	占全国 比重
2000	25.60	407.15	6.29	2010	108.49	1057.35	10.26
2001	32.20	468.78	6.87	2011	130.56	1160.11	11.25
2002	38.06	527.43	7.22	2012	150.16	1117.16	13.44
2003	16.33	535.05	3.05	2013	168.29	1175.86	14.31
2004	24.72	606.30	4.08	2014	188.67	1195.62	15.78
2005	33.29	603.25	5.52	2015	211.34	1262.67	16.74
2006	41.31	658.21	6.28	2016	101.00	1260.01	8.02
2007	52.78	747.68	7.06	2017	106.08	1310.35	8.10
2008	74.20	923.95	8.03	2018	48.51	1349.66	3.59
2009	90.20	900.33	10.02				

资料来源：全国及天津市统计年鉴（2000~2018年）。

天津市是我国的直辖市之一，地处华北地区，是一个拥有港口的沿海城市。截至2018年，天津市已经是一个拥有1559.6万人的特大城市。20世纪80年代中期，天津市委、市政府就决定在改造老城区作为市中心的同时大力开发滨海地区。2006年，天津市又制定了"双城双港、相向拓展、一轴两带、南北生态"的空间发展战略。这样双中心的城市结构决定了天津市人口在空间上的分布有别于多数单中心大城市的发展格局，不同于其他大城市的一般发展轨迹。

天津市的人口围绕着两个城市中心展开，滨海新区作为国务院批准的第一个国家综合改革创新区，拥有其得天独厚的政治、经济、地理条件。多年来吸引了大量的企业、工厂在此发展，与不断增高的GDP相伴的是滨海新区的人口也在逐年增长。2018年，滨海新区的常住人口数已经达到了298.34万人，占天津市总人口的19.1%。另一城市中心是被称为"市六区"的和平区、河西区、南开区、河东区、河北区和红桥区,这六个区是天津市的中心城区,天津市的文化发祥地,人口密度较大,2018年总计的常住人口数达到了492.92万人,占天津市总人口的31.6%。如图3-4所示。

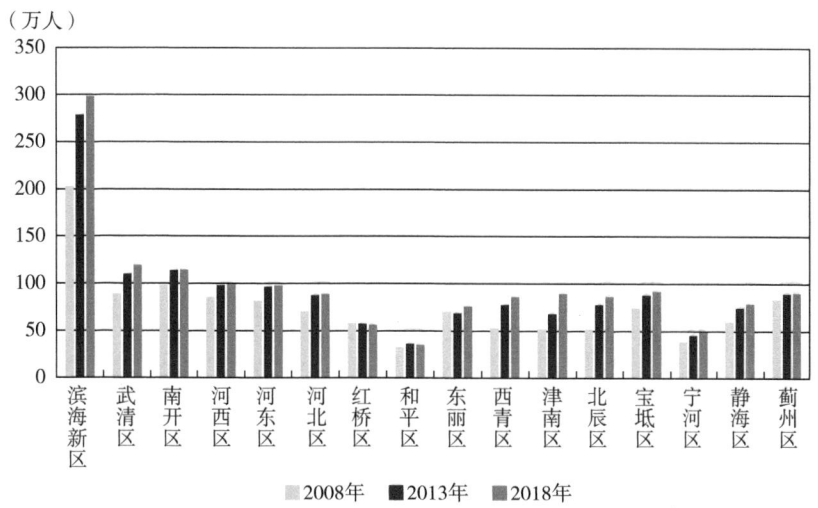

图3-4　2008年、2013年、2018年天津市各区常住人口数

资料来源:《天津市统计年鉴》(2008~2018年)。

三、河北省的FDI利用情况和人口布局

自改革开放以来,我国开始实行对外开放的基本国策,河北省的经济得到了快速的发展。近年来,更是在利用外资方面取得了良好的成效。

1979~1991年是河北省利用外资的缓慢起步阶段,这个阶段流入河北省的外资流量与河北省利用外资的规模都相对较小,增长速度也颇为缓慢。1990年,河北省实际利用外资金额为0.39亿美元,约占当年全国FDI总量的1.13%,这也是河北省利用外资占全国的比重首次超过1%。1992~2000年,是河北省利用外资的稳健发展阶段。在1992年召开的中共十四大会议上,中央政府提出未来要建设社会主义市场经济。河北省抓住机遇,制定了一系列优惠政策,吸引外资的进入,逐步显示其优势。1992年河北省的实际利用外资金额为1.80亿美元,

比前一年度的数字翻了1倍。2000年，河北省实际利用外资金额占全国的比重达到了2.51%，这个阶段河北省对外资的利用是有巨大进步的。2001年至今，河北省 FDI 的利用处于升级优化阶段。由表3-3可知，从2001年至今河北省的 FDI 增速有所放缓，但是每年的实际利用外资金额依旧逐步上升，为河北省的经济发展做出了贡献。

表3-3　2000～2018年河北省实际利用 FDI 金额与占全国比重

单位：亿美元,%

地区 年份	河北省 实际利用 外资金额	全国 实际利用 外资金额	占全国 比重	地区 年份	河北省 实际利用 外资金额	全国 实际利用 外资金额	占全国 比重
2000	10.24	407.15	2.51	2010	38.31	1057.35	3.62
2001	7.57	468.78	1.61	2011	46.81	1160.11	4.03
2002	8.24	527.43	1.56	2012	58.05	1117.16	5.20
2003	11.16	535.05	2.09	2013	64.47	1175.86	5.48
2004	16.23	606.30	2.68	2014	63.72	1195.62	5.33
2005	19.13	603.25	3.17	2015	61.78	1262.67	4.89
2006	20.14	658.21	3.06	2016	73.54	1260.01	5.84
2007	24.16	747.68	3.23	2017	84.90	1310.35	6.48
2008	34.19	923.95	3.70	2018	90.80	1349.66	6.73
2009	35.98	900.33	4.00				

资料来源：全国及河北省经济年鉴（2000～2018年）。

河北省的 FDI 利用也有其不足之处，总的来说，河北省的产业结构不甚合理。如图3-5所示，河北省利用 FDI 的产业结构大致呈"二三一"这一不平衡的格局。主要问题是河北省的第三产业起步较晚，目前发展尚不成熟，吸引外资的力量较小。第二产业的高技术制造业较少，这限制了河北省的产业结构优化，进而不利于河北省的经济结构优化。

同时，数据表明河北省利用外资的来源以亚洲中小资本为主，所以技术含量并不高，对河北省的技术带动效应并不明显。此外，河北省的经济技术开发区众多，国家级的有 3 个，省级的有 27 个，但因为诸多制约因素，导致了经济技术开发区未能很好地实现引资目的，其带动、辐射作用不突出。

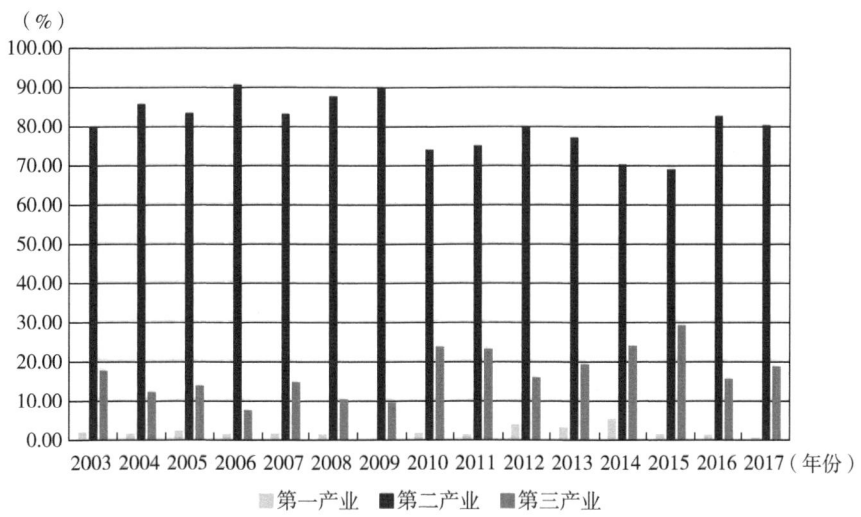

图 3-5　2003~2017 年河北省利用 FDI 的产业结构

资料来源：《河北省经济年鉴》（2003~2017 年）。

河北省在京津冀城市群中的面积占绝对优势，为 18.88 万平方千米。但全省地理环境复杂，地势西北高、东南低，人口分布不均衡，对全省均衡发展产生了阻碍。

由图 3-6 可以看出，河北省全省各市的人口分布情况，保定人口数量最多，在 2017 年达到了 1169.05 万人，占河北省总人口的 15.55%，其次是石家庄、邯郸地区，分别为 1087.99 万人和 951.11 万人。唐山、沧州和邢台的常住人口数也均超过了 500 万人。廊坊、唐山和保定地区这种靠近北京市、天津市周围的市县，人口密度都位于 500 人/平方千米及以上，绝大多数地级市人口密度在逐年增多，随着城市社会经济的发展聚集了大量人口。

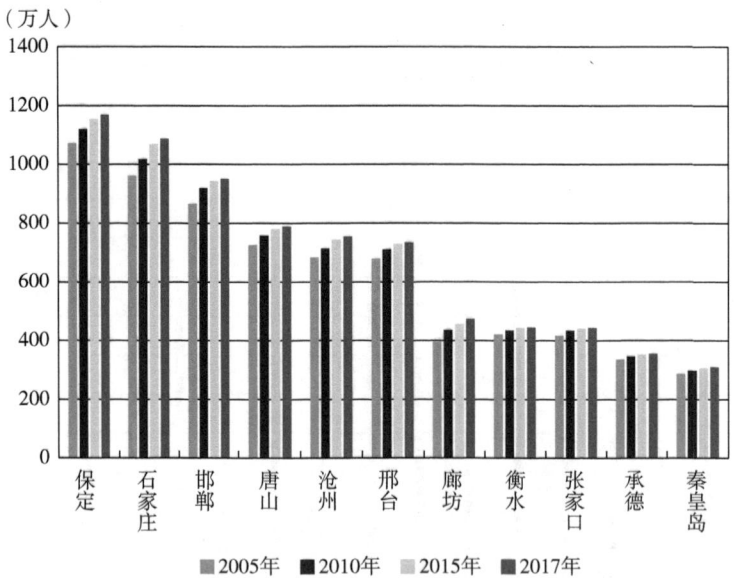

图3-6　2005年、2010年、2015年、2017年河北省各市常住人口数

资料来源:《河北省经济年鉴》(2005~2017年)。

第三节　京津冀外资对人口分布的影响

一、数据的选取及来源

基于数据的可得性和完整性,本书采用SPSS作为计量分析软件,主要选取2001~2019年京津冀地区的面板数据进行研究。京津冀城市群包括北京市、天津市、河北省三个区域,原始数据主要来自2001~2019年的《北京市统计年鉴》《天津市统计年鉴》与《河北省经济年鉴》。

就常住人口来看,河北省最多,均值为7120万人,其次为北京市,平均为1835万人,天津市最低,2001~2019年平均人口为1276万人;从人口密度来看,河北省为2371人/平方千米,其次为天津市为2473人/平方千米,北京市人口密度最低,为1601人/平方千米。

表 3-4 京津冀三地常住人口数与人口密度描述性统计

地区	变量名	均值	方差	最小值	最大值
北京市	常住人口	18.35	3.12	13.64	21.73
	人口密度	16.014	6.23	9.37	31.89
天津市	常住人口	12.76	2.30	10.01	15.62
	人口密度	24.74	11.53	8.31	50.16
河北省	常住人口	71.20	3.14	66.74	75.92
	人口密度	23.71	3.13	18.15	32.10

注：数值单位为百。

由图 3-7 可知，在 2010 年之前，天津市和北京市人口增长速度逐年上升，北京市常住人口增长速度略大于天津市，2010 年之后，北京市与天津市常住人口增长速度逐年下降，北京市常住人口增长速度略小于天津市，2017 年，北京市与天津市人口增长速度降为负，此后北京市常住人口增长速度均低于 0，天津市常住人口增长速度回升到 0 以上。河北省常住人口增长速度水平一致处于较低水平，在 2010 年增长速度有一突增，而后回到历史平均水平。

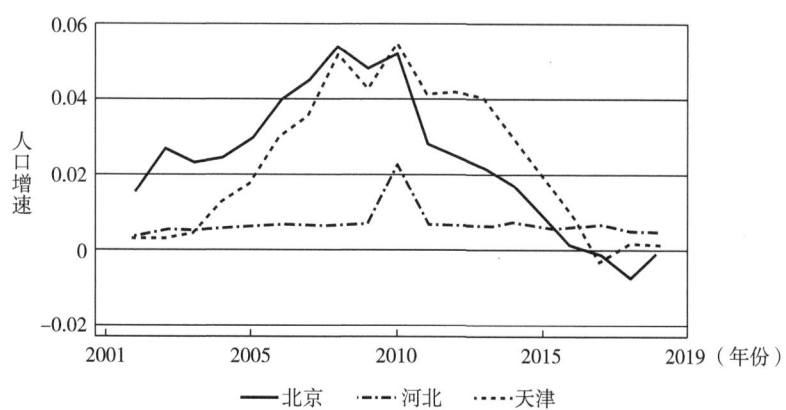

图 3-7 2001~2019 年京津冀三地常住人口增长率时序

二、回归分析

本书采用历年的面板数据进行回归分析，验证 FDI 与人口密度、人口数量是

否有因果关系,进而说明 FDI 对人口分布的影响。为此,建立如下计量模型:

$$\ln pop_{it} = \beta_0 + \beta_1 \times \ln fdi_{it} + u_{it} \tag{3-1}$$

$$\ln popdense_{it} = \beta_0 + \beta_1 \times \ln fdi_{it} + u_{it} \tag{3-2}$$

其中,$\ln pop_{it}$ 为常住人口的对数,$\ln popdense_{it}$ 为人口密度的对数,$\ln fdi_{it}$ 为外商直接投资对数。

表 3-5 为面板回归结果,模型 1 为人口密度对外商直接投资的面板回归结果,模型 R^2 为 0.2551,外商直接投资可以解释 25.51% 的人口密度变化程度,F 检验 P 值小于 0.05,通过联合显著性检验,模型估计有效,外商直接投资对数的系数为 0.1326,在 0.01 的水平通过系数 T 检验拒绝系数为 0 的原假设,其含义为外商投资增加 1%,人口密度增长速度增加 0.1326%;模型 2 为人口数量对外商直接投资的面板回归结果,模型 R^2 为 0.636,外商直接投资可以解释 63.6% 的常住变化程度,F 检验 P 值小于 0.05,通过联合显著性检验,模型估计有效,外商直接投资对数的系数为 0.1482,在 0.01 的水平通过系数 T 检验拒绝系数为 0 的原假设,其含义为外商投资增加 1%,常住人口增长速度增加 0.1482%。

表 3-5 人口数量、人口密度对 FDI 的计量回归结果

变量	模型 1	模型 2
	人口密度	人口
FDI	0.1326 **	0.1482 ***
	(2.014)	(9.804)
常数	5.8489 ***	5.8970 ***
	(6.656)	(29.648)
观测值	57	59
R^2	0.2551	0.636
P 值	0.000	0.000

注:括号中为 t 值,*** 代表 p<0.01,** 代表 p<0.05,* 代表 p<0.1。

表 3-6 为分地区常住人口对数对外商直接投资对数的回归结果,三地外商投资系数分别为 0.2181、0.1960、0.0514,均在 0.01 的水平通过系数显著性检

验,说明在京津冀地区,外商直接投资对常住人口正效应最大的为北京市,其次为天津市,河北省的外商直接投资对常住人口的影响最小。

表3-6 京津冀常住人口对数对外商直接投资对数的回归结果

变量	常住人口		
	北京市	天津市	河北省
FDI	0.2181***	0.1960***	0.0514***
	(11.930)	(6.431)	(18.379)
常数	4.5974***	4.4955***	8.2172***
	(18.864)	(10.979)	(230.962)
观测值	20	19	20
P值	0.000	0.000	0.000
R^2	0.888	0.709	0.949

注:括号中为t值,***代表$p<0.01$,**代表$p<0.05$,*代表$p<0.1$。

表3-7为分地区常住人口密度对数对外商直接投资对数的回归结果,三地外商投资系数分别为0.2942、0.5580、0.1406,均在0.01的水平通过系数显著性检验,说明,在京津冀地区,外商直接投资对人口密度正效应最大的为天津市,其次为北京市,河北省的外商直接投资对人口密度的影响最小。

表3-7 京津冀常住人口密度对数对外商直接投资对数的回归结果

变量	人口密度		
	北京市	天津市	河北省
FDI	0.2942***	0.5580***	0.1406***
	(3.494)	(4.636)	(7.829)
常数	11.2212***	0.1952	5.9867***
	(10.028)	(0.121)	(26.329)
观测值	19	19	19
P值	0.000	0.000	0.000
R^2	0.418	0.558	0.783

注:括号中为t值,***代表$p<0.01$,**代表$p<0.05$,*代表$p<0.1$。

三、实证结果与小结

通过京津冀历年面板数据对FDI进行的回归分析可知，FDI对京津的人口数量及密度影响最大，对河北省影响较小。根据之前对京津冀三地FDI利用情况及人口布局的分析，可以得知北京市对FDI的利用率是最高的，并且也是京津冀三地中FDI流入量最高的。在此背景下，利用"推—拉"理论可以得出，FDI流入北京市，北京市利用外资的企业也越来越多，这些企业创造了更多的就业机会以及更优越的工资水平，这是吸引人口迁移的其中的一个拉力。与此同时，北京市同样利用外资优化本地的经济结构，对第三产业也有着积极的推动作用，这时教育、文化、广播电视等第三产业的技术水平也会得以提高，从而创造更好的生活环境，这是吸引人口迁移的第二种拉力。FDI倾向于流入有成熟基础设施的大城市，大城市也倾向于利用FDI来优化自身的基础设施，这两项是相辅相成的。如果小城市的人们有着对生活更好的追求，比如交通上的便利、医疗上的发达，那么这也会成为他们向大城市迁移的一个推力。同时，FDI的流入也会提高农村第一产业的技术进步，导致技术溢出，使农村剩余劳动力增多或产生失地农民，这就造成了劳动力流向大城市的第二种推力。在推、拉两种力的作用下，北京市的人口数量逐年增加，外来人口大量涌入，并且根据前文数据分析可知，FDI流入资金量越多，北京市的人口增速越快。

FDI对天津市人口数量增长和密度增大的作用也十分显著。天津市的滨海新区很好地利用了自己国家综合改革创新区的身份，成功地完成了自己引资载体的任务，大量引进FDI，创造了许多的就业岗位，大量外来人员涌入天津市的第二个城市中心。这样的人口迁移，是一个应用FDI非常成功的例子，既疏解了天津市内六区的城市中心人口压力，同时又促进了本市的经济发展。

河北省受到FDI影响最小，主要是因为河北省近年来才开始大力吸引FDI的流入，之前的基础较为薄弱，并且主要发展第二产业，致使河北省的人口流动大部分都是在省内迁移，从省内经济较不发达的地区迁移到发达地区。这导致了河北省的省内FDI利用率拉开距离，城市发展水平差距较大。也有部分高素质劳动力就近迁移到了工作机会较多的北京市和天津市，这更加导致河北省作为人口输出省，输出了大量优质的劳动力到京津，为京津的经济发展做出了贡献，而不是发展自身的经济环境。

本部分首先在回顾与梳理 FDI 对产业结构和城市化影响的相关文献基础上，通过"推—拉"理论阐述了 FDI 对人口分布的作用机制，并通过描述京津冀的现状以及构建面板数据模型实证分析了 FDI 与京津冀人口分布之间的因果关系。得出结论：

第一，总的来说，FDI 对京津冀的人口增速和人口流动都是有着正向积极的推动作用的，对北京市的推动最大，对河北省的推动最小。

第二，FDI 有效地优化了北京市和天津市的产业结构，这两个城市利用外资的技术溢出等方式将本市的产业结构进行调整，越发趋近"三、二、一"的良性产业布局，其中北京市已经基本完成了这一调整。河北省的产业布局依旧不平衡，第二产业比重大，且高新技术制造业占比小，这制约了河北省的产业结构发展并造成了高素质劳动力的流失。

第三，FDI 不同程度地推动了京津冀三地的城市化。FDI 对天津市城市化的推动体现在外资进入滨海新区，在空间上造成了人口、产业集聚的现象，促进了城市的规模化发展，从计量分析可知 FDI 大量进入，造成了天津市的人口密度增大，天津市的这一效应是京津冀三地中最为明显的。另外，在北京市和河北省部分地区，FDI 也通过增进效应，改善了当地的基础设施环境，稳固了城市化基础。

第四，通过实证分析可知，FDI 对于人口分布有着积极的引导作用，可以利用这一特点来疏解北京市超多人口造成的"大城市病"。

第四章　京津冀外资企业农业转移人口就业的影响因素

第一节　京津冀外资产业现状

京津冀地区作为我国继长三角、珠三角地区后又一个新的经济增长极，其经济增长主要依靠资本和资源的大量投入。京津冀地区可以创造技术创新的环境来吸引外资企业，如京津冀地区完善企业征税政策，重视研发，鼓励企业以技术创新来降低企业成本。

河北产业结构以第二产业为主，在第三产业上与北京天津有较大差距，因此对北京市部分产业转移承接能力不足。京津冀作为我国北方规模最大的经济圈，其经济发展对我国整体经济实力的影响日益增加，但是同时京津冀地区的产业和经济结构差异也在拉大。河北是人口大省，自然资源禀赋，重工业及农业是其GDP增长的主要动力。服务业等第三产业发展相对落后，难以达到外资企业的要求，也无法满足北京市非首都功能转移中部分产业如金融服务产业的要求，使京津冀外资第三产业过度集中在北京地区，北京非首都功能无法良性疏解，京津冀协同发展难度加大。2015年，天津市滨海区天津自贸试验区的成立为天津市服务业发展增添新的动力，为天津市高端制造业发展提供技术和政策支持，吸引更多的外资企业入驻。

京津冀地区产业分布差距较大，其可以利用外资进行京津冀区域内产业转移，京津地区利用外资升级其产业结构、转移边际产业、发展新兴产业。外资在京津冀地区主要集中在第三产业，其中，北京市外资企业中第三产业占京津冀地区半数以上。因此，引导第三产业外资流向津冀地区、利用技术溢出效应，对津冀两省市发展第三产业、承接北京产业转移至关重要。

一、京津冀产业关联比较研究

京津冀区域内各省市的产业具有趋同性，产业的重复建设与产业间的竞争妨碍了京津冀地区产业升级。王浩宇（2017）通过对网络共同边的统计，发现京津冀三省市的产业网络共同边数超过整体的50%以上，其中，北京、天津两市的产业相似度最高，而天津、河北两省市在制造业方面也具有一定程度相似。

京津冀地区产业存在趋同性主要有两方面的原因：一方面，京津冀在区位上相邻、在资源禀赋上相近；另一方面，在京津冀协同发展概念提出以前，京津冀各自规划自己省市的经济发展，忽略了对京津冀一体化的考量，导致部分产业重复规划。这两方面的原因导致京津冀地区产能过剩、资源浪费，加剧了三省市重复产业的竞争，阻碍京津冀协同发展。

就京津冀内部而言，其产业结构在具有趋同性的基础上又具有各自的特色，其中，河北与京津两市存在较大的差异。北京市第三产业如服务业占比最高，在北京经济发展中占据绝对优势，同时，处于后工业阶段的北京其高端制造业也发挥着重要作用；天津市的工业强于北京、服务业弱于北京，尤其在化工制品以及高端机械制造业具有优势；河北省重工业在产业中占据绝对优势，挖掘冶炼、低端制造业支撑着其经济的发展。在京津两市产业结构中，高端制造业和服务业占比较高，同时，由于土地资源稀缺、资源要素紧张以及人力资源成本较高等因素导致京津地区产业结构中上游产业链短，产业间影响为直接影响；相反，河北是农业大省，人口众多，土地资源和资源要素丰富，依靠其重工业发展地方经济，产业结构复杂，相比于京津地区，其上下游产业链延伸程度高，产业间影响为间接影响。

二、京津冀外资产业分布存在的问题

跟随着改革开放和经济全球化的步伐，外资已经成为我国经济增长主要的推动力。京津冀地区作为我国经济的第三增长极，引用外资将促进京津冀飞速发展。根据国家统计局资料显示，2018年北京市全年实现地区生产总值30320亿元，实际利用外资173.1亿美元，比上年增长23.9%，第一产业实际利用外资67.26亿美元，第二产业为108.9亿元，第三产业为147.9亿元，其中，信息传输、计算机服务和软件业占26.1%，租赁和商务服务业占15.7%，科学研究、技术服务和地质勘查业占13.9%，房地产业占11.2%；天津全市全年实现地区生产总值18809.64亿元，实际直接利用外资48.51亿美元，并且在三次产业中，第二产业仍然是利用外资的大头；河北省全年实现地区生产总值36010.3亿元，比上年增长6.6%，实际利用外资97.0亿美元，第一产业占比为1.7%，第二产业占比为76.94%，第三产业占比为21.36%，其中，出口总值为2243.0亿元，进口总值为1308.7亿元，在出口中，纺织纱线、织物及制品出口为129.2亿元，服装及衣着附件出口为283.3亿元，钢材出口为331.2亿元，农产品出口为106.1亿元，机电产品出口为756.3亿元，高新技术产品出口为189.3亿元。从数据来看，京津冀三地的外资利用规模皆逐年上升，说明外资对于京津冀经济来说是很重要的组成部分，而北京和天津两地吸引外资的速度较快，河北落后许多，形成了"重北京，中天津，轻河北"的局面。

付瑞瑞（2020）在外资对中国经济增长的效应分析研究中发现，影响外资的因素有GDP的增长、人均GDP增长、产业创新能力、劳动力成本、市场购买力、交通状况等。近年来，战略新兴产业也成为外资投资的一大热点。京津冀三地之间经济发展的差异性，使河北一直无法吸引有效的外资，始终落后于北京和天津。北京吸引的外资主要集中在第三产业，第一产业极少，第二产业的吸资主要集中于装备制造业，推动了北京的电子通信技术、交通运输设备进一步发展；河北省作为三地中的农业大头，农林渔牧业所占比重过小，这显然与其农业大省的地位不符。另外，河北省外资利用结构不合理，重数量、轻质量。外商直接投资在第二产业过多，而河北省的第二产业以劳动密集型产业为主，先进技术和产品出口项目吸资不多，这一点对拉动河北经济发展和产业结构转型升级作用不大，并没有发挥出外资真正的作用。

综上所述，京津冀外资产业分布存在的问题有：

第一，就目前的京津冀的产业布局现状而言，北京处于高端产业链前端，天津处于中端,河北处于末端,这种产业分工导致天津和河北两地的外资集中在传统制造业,生产出来的产品附加值低。外商直接投资集中于第二产业、第三产业,身为全国政治经济文化中心的北京和港口城市天津所占优势大,吸纳外资比重大,河北是重工业和农业大省,而外资对第一产业投资极少的现状致使河北缺乏外资对经济的强大推动力。

第二,河北省利用外资结构失衡问题严重,传统的加工制造业和组装业不占优势,无法发挥外资在拉动服务业方面的优势。另外,河北省长期以来的外资都是重视数量和规模轻视质量,导致大多数投资项目处在低档次,以劳动密集型产业为主,先进技术业和产品出口型少,基础设施、农业、资金密集型、新技术产业项目引进外资不多,发展逐渐失衡。

第三,京津冀三地的外商直接投资在该地区投资的产业内部分布不均衡且投资行业比较单一。大多数是建筑、房地产、计算机软件,农业严重缺少,重复产业较多,区域分工不明显导致外商直接投资形成领域单一局面。北京和天津的外资主要集中在租赁和服务信息业、房地产、计算机技术行业,与北京拥有众多一流高等院校资源和高科技技术人才资源不对等,河北主要是一般加工贸易行业、房地产、电气等资源供应业,科学技术方面较少,另外,外资主要面向重工业,不利于河北省的产业去产能和产业转型。

三、京津冀外资企业合理分布格局

据前文所述可知,京津冀三省市外资利用最高的集中于制造业;第三产业引用外资逐年增加,但内部投资产业分布不均且差异较大;新兴产业成为吸引外资的热点;河北引用外资量不断增加,但还存在诸多问题。

"京津冀一体化"战略实施以后,该区域的产业布局和产业分工有了明显的改进,区域功能更加明显,产业之间的互补性有所增加。为了更好地利用外资,发挥引入外资的优势,应该按照不同区域的功能定位进行明确合理的分工。北京作为高新技术产业的聚集点,应着力发挥研发中心的优势,吸引更多先进技术和外商资金的流入;天津要充分展现出对外开放的港口城市所具有的优点,吸引以研发成果和设备创新为回报点的外商投资;河北省作为三省市中新兴产业蓬勃发展的地区,应充分发挥地域广阔、劳动力充足、投资成本低的优势,吸引外商直接投资。目前已知的外商投资的方式有五种，分别是外商独资经营、外商合资经营、合作经营、外商投资股份制以及其他方式。21世纪以后，独资经营占比越来越大，如今外商直接投资已经占据主导地位，并且日后京津冀地区的产业也会以独资作为主要投资方式。据国家统计局数据表明，中国的外资主要来源地分别是日本、英国及东南亚国家等。吸引这些国家投资的产业主要是新兴产业、技术导向性产业，由此证明，利用外资拉动京津冀的经济发展中，积极发展新兴产业是主要路径。

利用外资不仅是吸收外来资金问题，更重要的是利用外资推动各生产要素在产业间合理流转，从而达到促进整个区域经济发展的目的。针对上述提出的京津冀利用外资存在的问题，必须优化产业结构，合理引导外资在区域产业内部流动，基于京津冀三省市间经济发展的差异，引导外资进行梯度性转移。北京是一所国际化都市，第一产业所占甚微，第二产业逐渐弱化，第三产业日益壮大。因此，与北京首都城市身份不符合的边际产业要向天津和河北进行转移，其中，天津要将来自北京的高科技信息化产业与自身港口城市的优势相结合，打造便利化、自由化的国际港口都市。河北作为农业发展大省，第一产业是三省市中最有优势的，第二产业则是对本省的GDP贡献最大，第三产业虽然发展快，但与北京天津相比还存在一定的差距。因此，河北应该找准自身定位，寻求产业空缺，与另外两个直辖市错位发展。主动承接京津的产业扩散，发挥地域广、劳动力成本低的优势，吸引外资投入，打造外资集聚中心区，如河北保定、廊坊、唐山等邻近北京的优势地区是重点发展对象。

京津冀三省市应加强区域间的分工与合作，携手打造外资聚集区，推动区域经济共同发展。京津两地向河北的产业扩散和外资流动为河北省创造了无限发展生机。跨国公司在当地的投资势必会激发当地的资金，人才、土地、技术等生产要素在不同产业间的流动及重新配置，它们为河北省提供了先进的技术和充足的资金，极大地促进了河北省高新技术产业的发展，同时还促进了该地产业配套设备和基础设施的完善。基础设施完善后才能开发城镇，吸引外来人口流入，形成城市群。另外，河北省对相关配套产业的升级，进一步提高了其承接能力，与京津两市形成产业阶梯，充分吸收北京外资经济带来的辐射效应。如此一来，三地在各自产业结构的不断调整中联系逐渐紧密，地区间人力、物力、财力、资源环境的流动性加强，推动产业重组和区域经济发展，进入了一个良性循环圈。京津冀地区最终合理的产业布局为：以知识密集型产业发展为中心的北京，以电子产品、商品运输贸易为主的天津，以农副产品、工业制成品多个产业集聚群的河北经济腹地。

第二节　京津冀农业转移人口现状

一、京津冀人口分布现状

京津冀区域处于环渤海地区，对外交流方便，再加上北京的首都效应，该区域已成为我国经济发展的第三增长极。与珠三角和长三角经济带不同的是，河北省只是一个内陆省，以发展重工业和农业为主，故而经济远落后于北京和天津，京津冀区域出现了"三地分割"的现象，内部经济水平落差极大。北京天津包揽第三产业、高科技产业、优质教育资源、众多就业岗位，不断吸纳河北人口，出现了"双核心聚集"局面。经济发展的差别化、人口分布的不合理性引发了北京的大城市病。据国家统计局数据统计，2014年京津冀区域的常住人口为1.11亿人，占全国的8.1%，但是内部人口分布却极其不平衡，北京地区人口高度聚集，人口密度为1311.1人/平方千米，是全国平均人口的9倍还多。也就是说，北京7%的土地容纳了京津冀20%的人。此外，北京市中心的人口聚集尤为密集，越往中心人口聚集越密，导致区域分工不合理、交通堵塞、环境污染严重等诸多问题。同时，人口的大量流失加剧了河北省的落后，产业结构不合理，缺少高素质人才。

为有效疏解北京的非首都功能，国家推出了京津冀协同发展战略，在产业分布、区域分工、资源空间布局、交通运输、生态环境等各个方面都做了规划。京津冀协同发展战略实施后，京津冀区域的人口分布发生了明显变化。石光（2018）在京津冀协同发展中的人口分布变化研究中发现，2015至2017年底，北京市人口在全国总人口的占比从2.7%降至2.5%，其中，城六区人口占比下降 0.9 个百分点，近郊区人口占比上升 0.09%，远郊区人口占比上升 0.19%，环京县人口密度则迅速上涨。但与城六区相比差距仍然很大。总体而言，北京全市的人口密度涨幅排序依次为环京县、远郊区、近郊区、城六区。同期，京津冀地区人口在全国所占比重从 8.8% 增长到 9.1%。由此可见，京津冀地区的人口由市区向郊区逐步转移，内部人口分布结构不断优化，再加上京津冀协同发展战略的推动，各项产业的逐步向外围转移，环首都经济圈的人口会继续流入。

二、京津冀农业人口分布现状

京津冀区域作为我国三大经济中心带之一，是我国的政治、经济、文化教育中心。其土地面积仅占全国的 2%，但总人口却高达 10860.5 万人，占全国的 7.98%；地区 GDP 达 62172 亿元，占全国的 10.9%。根据国家统计局发布的相关数据显示，2019 年北京的城镇化率为 86.60%，天津城镇化率为 83.48%，两者皆已突破 80%，但河北的城镇化率仅有 53.32%。北京和天津作为我国的两大直辖市，经济发展以工业和现代服务业为主，农业和农业人口在全市所占的比重依然很小，所以这两座城市的城镇化水平很高。河北虽然环抱北京和天津，但是由于其只是由各地级县组成的内陆省，省 GDP 主要靠重工业贡献，产能过剩，发展动力不足，故而城市化水平远不及京津两地。这种区域内三地"断崖式"的发展情况是极其不利于国家整体经济发展的。国家统计局发布的第三次全国农业普查数据公报显示，北京农业人口为 1029522 人，天津为 897598 人，河北为 14693667 人，从区域城市化水平来看，在京津冀区域内，河北省的经济发展水平和城镇化率明显低于北京和天津。北京市作为我国的首都，其主要职能是全国行政中心，但实际上，北京还兼具经济、文化、教育功能。拥有全国最好的教育资源和众多大型国际企业，北京的这些优势吸引了大量外来人口。若不能为这类人安排合理的转移空间，会造成"双损"局面，即转移人群流离失所、无法就业、承接地区人口过多、环境污染、社会治理成本过高等，导致北京的"大城市病"严重。因此，要想实现京津冀的良好发展，必须合理配置转移人口与社会资源，均衡发展好京津冀城市群，成为世界级城市群。

北京集中了全国大量优质公共资源，与其他城市拉开的差距过大，因此，亟须疏解北京非首都功能，疏解人口。天津是国际港口城市，外来资源丰厚，在新兴产业上占据优势。河北虽然环绕两地，但是 GDP 的主要来源依旧是重工业，且创新能力不足，被京津远远甩在身后，产业结构转型升级和加快城镇化进程刻不容缓。

三、京津冀农业人口转移分布存在的问题

国家推出京津冀一体化战略以后，区域经济发展快速，产业结构发生重大改变。据国家统计局数据显示，2020 年北京市第一产业增加值 113.7 亿元，下降 2.5%；第二产业增加值 5715.1 亿元，增长 4.5%；第三产业增加值 29542.5 亿元，增长 6.4%。三次产业构成由上年的 0.4∶16.5∶83.1，变化为 0.3∶16.2∶83.5。改革之后，第一产业所占比重明显减少，第三产业占比越来越大，这与国家大力推进城市化进程的方针政策相符。说明，我国从事农业生产活动的民众必然要进行转移，但结合我国历史上农业人口转移的相关经验来看，要有序进行农业人口的合理转移还存在诸多阻碍。

在京津冀农业人口转移中，不仅要考虑京津冀地区的人口容纳量，还要考虑京津冀地区的经济发展水平。农村与城镇间的人口转移不只是搬迁那么简单，还牵涉到不同户籍背后的社会福利制度，当农民放弃从事多年的农业生产活动，转向其他产业时，该地区要为其提供足够的就业岗位、教育资源、基础设施保障。而农村劳动力的注入又为该地区带来了人口红利，两者是互利互惠的关系。对于转入区域，首先要调整好产业布局，做好转入居民的基本生活保障，教育保障工作，才能吸引更多农村富余劳动力。

四、京津冀对农业人口转移有需求的地区和产业

产业结构变化决定人口分布的变化。若要研究农业转移人口如何合理转移及分布，就要看该区域是否有吸引人口转移的优势产业。同时，进行农业人口转移时，根据人才类型，按照不同产业的特点来进行合理安排。比如，北京教育资源雄厚，高新技术人员较多，因为北京主要发展的是高科技产业，需要有创新能力的科学技术型人才；天津是一个港口城市，航运、石油化工产业聚集，需要大量具备专业技能的人才；河北作为首都经济圈的经济腹地，要积极发展现代化农业，承接京津的劳动密集型产业；因此，河北是三省市中对劳动力需求量最大的地区，可以吸纳大量农业转移人口。"十二五"时期以后，为了充分解决该区域内部发展不平衡问题，国家打造了环首都经济圈，环京一带发生了翻天覆地的变化。一个个新兴产业园、示范园区被建立起来，如果这些"新事物"要持续向上向好发展，离不开人才的助推，只有人才针对该产业的实际情况合理分布，才能将我国的经济越做越好，产业结构优化越来越好。自"京津冀协同发展提出以来"，已有数百个北京企业在天津开设了投资项目，为天津贡献优秀的内资产业。河北与北京合作共同建设了多处产业园区，包含大数据产业、科技创新园区、第三产业示范园区等，极大地拉动了河北地区的科技发展，同时也提供了大量就业岗位。

综合前文的论述，要有序合理地布局京津冀区域的农业转移人口，应当选择国家新建设的战略开发区，如廊坊、保定、雄安新区等地。这些地方靠近北京、天津这两大直辖市，能够享受到大城市的宝贵资源。根据国家统计局的资料表明，北京的GDP逐年增长，产业结构不断优化，第三产业比重也越来越大，为外来人员和农业转移人口提供了大量就业岗位。

第三节　农业转移人口外资企业就业的决定因素

一、文献综述

国内外主要从以下几方面研究就业的决定因素：

第一，从特殊人群的角度出发，大部分研究都是由此出发研究就业选择问题。宋健（2010）利用全国性调查数据研究了留守人口的就业选择，其模型因变量为人口职业，自变量为外出经历、工作经验、工作时间、就业渠道，控制变量为性别、年龄、受教育程度、婚姻状况、户口性质和居住地，结果发现，除地域和个人特征变量外，就业时间与就业渠道显著影响流动人口的职业选择，而外出经历对于留守人口的职业选择并没有统计上显著的影响。雷晓康等（2020）基于西安市145位个案的访谈数据，采用Logistic回归模型研究城市低龄老年人再就业意愿的影响因素，结果发现性别和家庭态度对这类群体的再就业选择影响较大。刘万霞（2013）基于国务院发展研究中心2010年对全国农民工调查数据，采用多重选择Logit概率模型和有序Probit模型分析了职业教育和不同类别的技能培训对农民工就业的影响，结果表明技术培训对提高农民工工作满意度具有积极的正向作用；但不同类别的教育和技能培训对农民工就业选择的影响存在较大差异。Mora Dana C.等（2016）通过对北卡罗来纳州西部的65家禽业工人进行了半结构化访谈得到数据，并对影响禽业工人的因素进行了研究，发现工人的工资水平、稳定和工作福利对其工作选择的影响较大。

第二，从企业角度出发研究就业决定因素。王利国（2018）基于现有学者的研究成果，分析总结了吉林省大学生的就业选择的影响因素，结果表明产业结构、私营企业发展状况、就业工资等是影响吉林省大学生就业的主要经济因素。宋林等（2020）运用2018年中国家庭追踪调查（CFPS）数据，采用Probit模型和倾向得分匹配法，着重从性别和年龄的差异来研究互联网使用对中国农村劳动力就业选择的影响，研究发现互联网使用在促进壮年劳动力非农就业、受雇型就业方面的作用更为显著，对农村女性非农就业和受雇型就业的促进作用比男性更明显。

第三，基于不同地区研究就业选择。王胜今等（2019）基于2015年国家卫生计生委流动人口的动态监测调查数据，采用无序多分类Logistic回归模型对黑龙江跨省流出人口的职业选择进行了研究，结果表明其主要受教育程度、户口性质和性别等因素影响，而省内流出人口职业选择的影响因素更广泛，年龄、性别、流出时间、受教育程度、户口性质均会不同程度对其产生影响。鲁莎莎等（2014）利用福建省三明市的12个村84户农民的样本数据，通过Logistic回归模型研究了福建省三明市林区劳动力非农就业的影响因素，认为家庭人数、户主禀赋和收入等因素均会影响其就业选择。张建杰（2009）根据对河南11村农村劳动力转移就业情况的调研分析，以农村劳动力转移就业的距离、劳动力的性别、婚姻、年龄、文化程度、社会关系网络、劳均耕地、所处区位及其分工参与度等作为选择变量研究农村劳动力转移就业的选择问题，结果表明，随着转移半径的增加，劳动力的性别、婚姻、年龄、文化程度、社会关系网络、劳均耕地、所处区位及其分工参与度等对劳动力转移就业的影响程度总体减弱。

二、研究区域

(一) 京津冀区域

1. 地理位置

京津冀地区位于北纬36°05′~42°40′、东经113°27′~119°50′，土地面积大约21.9万平方千米，约占我国陆地面积的2.3%。京津冀地区包括北京市、天津市及河北省，河北省下辖石家庄、保定、廊坊、唐山、张家口、承德、秦皇岛、沧州、衡水、邢台和邯郸11个地级市。京津冀地区的战略位置十分重要，历史上就有过合作先例。空间上相互毗邻的区位优势，有利于京津冀地区统筹规划协同发展。

2. 人口发展

北京市2010年、2015年和2019年年末常住人口分别为1962万人、2171万人和2154万人，2010年城镇人口占比为79.52%，2018年城镇人口占比为79.72%。天津市2010年、2015年和2019年年末常住人口分别为1299万人、1547万人和1562万人，2010年城镇人口占比为79.52%，2018年城镇人口占比为83.11%。河北省2010年、2015年和2019年年末常住人口分别为7194万人、7425万人和7592万人，2010年城镇人口占比为44.50%，2018年城镇人口占比为56.43%。

上述数据表明，北京市与天津市城镇化水平较高，河北省整体城镇化水平较低，但近年的京津冀一体化发展正迅速提升其城镇化水平。整体来看，京津两地人口稳定，以人口流出为主；河北省人口逐渐增加，以人口流入为主，这可能是因为雄安新区的建设赋予了河北省新的发展潜力。

3. 经济水平

北京市2010年、2015年和2019年生产总值分别为14113.58亿元、23014.59亿元和35371.28亿元，增速达150.62%；天津市2010年、2015年和2019年生产总值分别为9224.46亿元、16538.19亿元和14104.28亿元，增速达52.90%；河北省2010年、2015年和2019年生产总值分别为20394.26亿元、29806.11亿元和35104.52亿元，增速达72.13%。

从经济体量看，河北经济体量最大，北京经济基础不多，但发展迅猛，近几年经济体量有赶超河北之势,天津经济体量稳定。从经济增速看,北京突飞猛进,河北稳步增长,而天津发展缓慢,这可能和近几年的经济转型有关。从整体看,京津冀地区中北京发展最快,天津和河北的经济发展水平与北京存在差距,且差距呈不断加大趋势。

4. 产业结构

北京市第一产业、第二产业和第三产业增加值百分点之比在2010年为0.88:24.01:75.11,2015年为0.61:19.74:79.65,2019年为0.32:16.16:83.52;天津市第一产业、第二产业和第三产业增加值百分点之比在2010年为1.58:52.47:45.95,2015年为1.26:46.58:52.15,2019年为1.31:35.23:63.45;河北省第一产业、第二产业和第三产业增加值百分点之比在2010年为12.57:52.50:34.93,2015年为11.54:48.27:40.19,2019年为10.02:38.73:51.24。

由上述数据可得,北京市自2010年之后便开始了以第三产业为主的发展模式,而彼时天津市与河北省都是"二、三、一"的产业结构;2015年天津市转变为了第三产业为主的产业结构,河北省依然是第二产业比重最大;2019年,京津冀地区实现了第三产业带动经济发展的产业结构模式,且三地第一产业、第二产业所占比重不断下降,第三产业所占比重呈持续上升趋势。

5. 利用外资

我们使用外商投资企业进出口总额来反映利用外资情况。如图4-1所示,北京、天津地区利用外资较多,河北地区利用外资较少,这可能与北京的国际地位及天津的港口位置有关。且天津、河北地区利用外资呈逐年递减趋势,北京地区利用外资则有稳中增加的趋势,这可能和北京率先实现以第三产业为主的产业发展模式有关。

(二)长三角地区

1. 地理位置

长江三角洲位于北纬31°、东经121°附近,位于中国长江的下游地区,濒临黄海与东海,地处江、海交汇之地,沿江沿海港口众多。区域面积大约35.8万平方千米,约占我国陆地面积的3.73%。长江三角洲包括上海市、江苏省、浙江省、安徽省全域,以上海市,江苏省南京、无锡、常州、苏州、南通、扬州、镇江、盐城、泰州,浙江省杭州、宁波、温州、湖州、嘉兴、绍兴、金华、舟山、

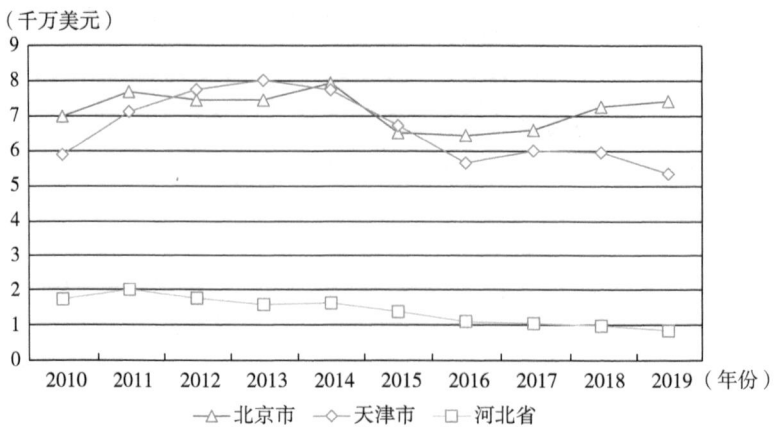

图 4-1 京津冀利用外资

资料来源：国家统计局。

台州，安徽省合肥、芜湖、马鞍山、铜陵、安庆、滁州、池州、宣城 27 个城市为中心区，上海青浦、江苏吴江、浙江嘉善为长三角生态绿色一体化发展示范区。

2. 人口发展

上海市 2010 年、2015 年和 2019 年年末常住人口分别为 7869 万人、7976 万人和 8070 万人，2010 年城镇人口占比为 89.27%，2018 年城镇人口占比为 88.11%。江苏省 2010 年、2015 年和 2019 年年末常住人口分别为 7869 万人、7976 万人和 8070 万人，2010 年城镇人口占比为 60.58%，2018 年城镇人口占比为 69.61%。浙江省 2010 年、2015 年和 2019 年年末常住人口分别为 5447 万人、5539 万人和 5850 万人，2010 年城镇人口占比为 61.61%，2018 年城镇人口占比为 68.90%。安徽省 2010 年、2015 年和 2019 年年末常住人口分别为 5957 万人、6144 万人和 6366 万人，2010 年城镇人口占比为 43.01%，2010 年城镇人口占比为 54.70%。

上述数据表明，上海市的城镇化水平较高，苏浙两省在长三角一体化的推动下，城镇化水平均衡上升，安徽省城镇化水平也随长三角地区发展而逐步上升。上海市与江苏省人口数量基本稳定，浙江省和安徽省以人口净流入为主。这可能是长江三角洲城市间合理分工、梯度发展的结果。

3. 经济水平

上海市 2010 年、2015 年和 2019 年生产总值分别为 17165.98 亿元、25123.45 亿元和 38155.32 亿元，增速达 122.27%；江苏省 2010 年、2015 年和 2019 年生产总值分别为 41425.48 亿元、70116.38 亿元和 99631.52 亿元，增速达 140.51%；浙江省 2010 年、2015 年和 2019 年生产总值分别为 27722.31 亿元、42886.49 亿元和 62351.74 亿元，增速达 124.92%；安徽省 2010 年、2015 年和 2019 年生产总值分别为 12359.33 亿元、22005.63 亿元和 37113.98 亿元，增速达 200.29%。

从经济体量看，江苏省经济体量最大，浙江省次之，上海市略小，安徽省最小。从经济增速看，安徽省发展势头最猛，江苏省也不甘示弱，浙江和上海增速相当。从整体看，长三角四地经济发展较为均衡。

4. 产业结构

上海市第一产业、第二产业、第三产业增加值百分点之比在 2010 年为 0.66：42.05：57.28，2015 年为 0.44：31.81：67.76，2019 年为 0.27：26.99：72.74；江苏省第一产业、第二产业、第三产业增加值百分点之比在 2010 年为 6.13：52.51：41.35，2015 年为 5.68：45.70：48.61，2019 年为 4.31：44.43：51.25；浙江省第一产业、第二产业、第三产业增加值百分点之比在 2010 年为 4.91：51.58：43.52，2015 年为 4.27：45.96：49.76，2019 年为 3.36：42.61：54.03；安徽省第一产业、第二产业、第三产业增加值百分点之比在 2010 年为 13.99：52.08：33.93，2015 年为 11.16：49.75：39.09，2019 年为 7.86：41.33：50.82。

由上述数据可得，上海市自 2010 年之前便开始了以第三产业为主的发展模式，而彼时江苏省、浙江省与安徽省都是"二、三、一"的产业结构；2015 年浙江省第三产业成为经济发展的主军产业，而江苏省和安徽省依然是第二产业为主导的产业结构；2019 年长三角地区实现了第三产业带动经济发展的产业结构模式，且四地一二产业所占比重不断下降，第三产业所占比重持续上升。

5. 利用外资

我们使用外商投资企业进出口总额来反映利用外资情况。如图 4-2 所示，江苏利用外资最多，其次为上海，浙江与安徽利用外资较少，这与四地的经济总量有一定关系。且上海、江苏和安徽利用外资有稳中增加的趋势,而浙江地区利用外资呈逐年递减趋势,这可能与四地产业机构有关。浙江宁波、义乌等地是中国外贸的一个窗口,主要做商品的"走出去",因此外资的"引进来"比重没有上海、江苏两地高。

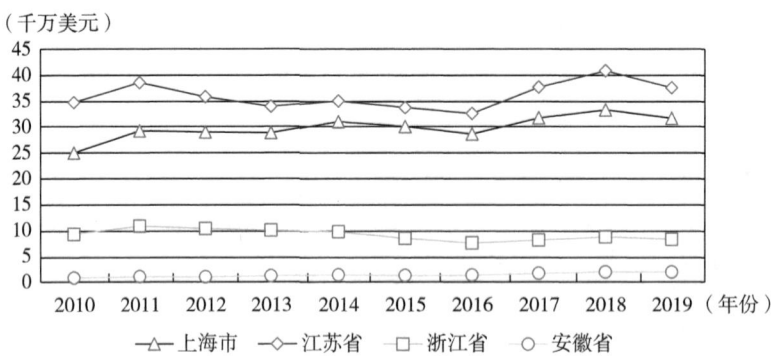

图4-2 长三角利用外资

资料来源:国家统计局。

(三) 珠三角地区

1. 地理位置

珠江三角洲位于东经112°45′~113°50′、北纬21°31′~23°10′,位于广东省中南部、珠江下游,濒临南海,是由珠江水系堆积而成的复合型三角洲,南部海岸线长达1059千米,岛屿众多,是广东省平原面积最大的地区。珠三角包括广州、佛山、肇庆、深圳、东莞、惠州、珠海、中山、江门9个城市,总面积达55368.7平方千米,占比广东省国土面积不到1/3。由于数据的获得性,在此我们参照以往学者的研究,将广东省近似作为珠江三角洲进行分析。

2. 人口发展

广东省2010年、2015年和2019年年末常住人口分别为10441万人、10849万人和11521万人,2010年城镇人口占比为66.18%,2018年城镇人口占比为70.70%。

上述数据表明,广东省城镇化率较高,且随着经济发展,城镇化水平也在稳步上升。广东省的常住人口在 10 年间增长了 1000 万人,表明其人口流动模式还是以人口净流入为主。

3. 经济水平

广东省 2010 年、2015 年和 2019 年地区生产总值分别为 46013.06 亿元、72812.55 亿元和 107671.07 亿元,增速达 134%。广东省的经济体量在 10 年间翻了 1 倍,经济正飞速且稳定地发展。

4. 产业结构

广东省第一产业、第二产业、第三产业增加值百分点之比在 2010 年为 4.97∶50.02∶45.01,2015 年为 4.59∶44.79∶50.61,2019 年为 4.04∶40.44∶55.51。由此可见,2010 年的广东省还是"二、三、一"的产业发展模式,2015 年已实现主要依靠第三产业拉动经济增长。近年来,广东省的第三产业所占比重仍在不断增大,对经济的贡献率已超过 50%。

5. 利用外资

我们使用外商投资企业进出口总额来反映利用外资情况。如图 4-3 所示,广东省利用外资趋势呈稳中减少的趋势,且珠三角地区利用外资金额远超过京津冀、长三角地区。这可能是因为珠三角地区得天独厚的地理区位优势适合外商投资,以及珠三角地区出台的引进外资的政策。

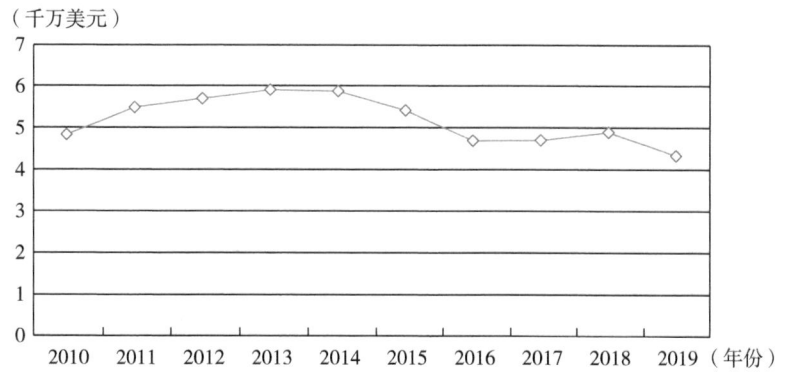

图 4-3 珠三角利用外资

资料来源:国家统计局。

三、数据、变量和回归模型

(一) 数据

自改革开放以来,在经济全球化和区域经济一体化的助力下,中国的发展取得了举世瞩目的成就。但中国内部发展的不平衡性一直是经济发展所面临的问题。为使研究更有意义,进一步细化样本,以三大城市群为依托,对比研究影响农业转移人口选择外资企业的影响因素。

参考段德忠等(2019)在研究中国三大城市群区域一体化时提到的中国的三大城市群,包括京津冀城市群、长三角城市群和珠三角城市群。其中,京津冀地区即北京、天津和河北的"两市一省",长三角城市群包括江苏、浙江、安徽和上海的"三省一市",珠三角城市群即广东省的9个地级市。由于问卷中所处地区仅细化到省,参考以往学者的研究,这里近似用广东省的数据来替代珠三角城市的数据。

本部分的数据来源于中国综合社会调查(CGSS)2015年度调查问卷(居民问卷)、国家统计局和中国经济网。调查问卷涉及北京市、天津市、上海市、重庆市、安徽省、福建省、甘肃省、广东省、贵州省、河北省、河南省、黑龙江省、湖北省、湖南省、吉林省、江苏省、江西省、辽宁省、青海省、山东省、山西省、陕西省、四川省、云南省、浙江省、广西壮族自治区、内蒙古自治区、宁夏回族自治区28个省市自治区的10968个样本。为确保分析结果的准确性,剔除了数据缺失、选项不明等无效样本,根据本书所需的外企就业农民工各项指标,筛选出704份问卷作为研究样本。

(二) 变量选择

综合以往学者的研究,为厘清外部资本与农业转移人口分布的关联,在此选用Logit模型进行分析。将被解释变量(foreign)用虚拟变量的形式来表示,即公司所有制形式为港澳台资或港澳台资控股、外资所有或外资控股的用数值1来表示,其他公司所有制用数值0来表示。在此选定被解释变量(foreign)为是否在外资企业工作,解释变量分为个体、企业和地域三个方面。表示个体特征的变量为性别(gen)、政治面貌(pol)、户籍登记状态(hukou)、个人能力(study)、教育年限(eduyear)和工作经验(workyear),表示企业特征的变量为职业收入（income）、企业员工个数（staff）和社保（security），地域特征的变量用所处地区的人均 GDP（pergdp）来表示。如表 4-1 所示。

表 4-1 模型变量解释及赋值方法

变量	变量定义
解释变量	
个人特征	
户籍登记状态（hukou）	居民户口（曾经为农业户口）=1，农业户口=0
性别（gen）	男=1，女 0
政治面貌（pol）	党员=1，非党员=0
工作经验（workyear）	第一份非农工作至现如今的工作共工作的年限
个人能力（study）	从不=0，很少=1，有时=2，经常=3，非常频繁=4
受教育年限（eduyear）	没有受过任何教育或私塾、扫盲=0，小学=6，初中=9，普通高中、职业高中、中专或技校=12，成人高等教育和正规高等教育的大学专科、大学本科=16，研究生及以上=18
企业特征	
职业收入（income）	上一年全年的职业收入
员工个数（staff）	所在公司拥有的员工数目
有无社保（security）	有=1，没有=0
地域特征	
所在地区人均 GDP（pergdp）	所在省、直辖市或自治区滞后一年的人均 GDP
被解释变量	
是否在外资企业工作（foreign）	外资企业工作=1，不在外资企业=0

1. 表示个体特征的变量

户籍登记状态（hukou）作为区别农业转移人口性质的重要变量不可忽视。农业转移人口中的户口性质分为两类，一类为农业户口，另一类为居民户口但曾经为农业户口。我们将代表户口性质的变量 hukou 用虚拟变量的形式来表示，农业数值转移人口中户口性质为居民户口但曾经为农业户口的用数值 1 来表示，农业转移人口中户口性质为农业户口的用数值 0 来表示。

性别（gen）也为虚拟变量，用数值 1 表示男性，数值 0 表示女性，以反映农业转移人口就业选择的性别差异。

变量政治面貌（pol），用数值1代表党员身份，数值0代表非党员身份。

变量工作经验（workyear）表示从第一份非农工作到这份工作共工作的年限，在一定程度上反映了其工作经验，对是否选择外资企业有重要影响。

变量个人能力（study）代表空闲时间自主进行充电学习的频率，也是虚拟变量的形式。数值0至数值4频率上升趋势，分别代表从不、很少、有时、经常和非常频繁。数值越大，空闲时间进行自主学习的频率越高。

变量受教育年限（eduyear）表示农业转移人口的受教育年限。教育是人力资本形成的主要途径，对流动人口就业选择有重要影响。按照统计局对平均受教育年限的定义，我们将受教育年限分为6个层次：数值0代表农业转移人口中没有受过任何教育或只读过私塾、扫盲班的人群；数值6代表小学毕业的人群；数值9代表获得初中学历的人群；数值12代表四类人，即教育程度达到普通高中、职业高中、中专或技校的人群；同样地，数值16代表四类人，即取得包括成人高等教育和正规高等教育在内的大学专科、大学本科学历的人群；而数值18则代表取得研究生学历及以上的人群。

2. 代表企业特征的变量

变量职业收入（income）表示农业转移人口上一年（2014年）的职业收入，代表农民工的收入水平。一般认为原职业收入越高，员工流动性越低，越不会选择跳槽外企。若原先就为外企职业收入，则表示对农民工选择外企就业有促进作用。

变量企业员工个数（staff）表示农业转移人口工作所在的公司所拥有的员工数目，在一定程度上反映了公司规模和实力。为方便后续的分析，员工数目超过5位数用数值10000表示。

变量社保（security）表示农业转移人口是否参加了社会保障项目中的商业性医疗保险项目。变量security也是虚拟变量的形式，数值1代表参加了此方面的社会保障项目，其中，数值0代表没有参加此方面的社会保障项目。

3. 地域特征的变量

用所处地区的人均GDP（pergdp）来代表地域特征。由于使用的为中国综合社会调查（CGSS）2015年度的调查问卷，故此处用滞后一期即2014年各省直辖市自治区的人均GDP来划分农业转移人口选择企业时的地区差异。

(三) 模型设定

根据以往学者的研究,结合本次研究的特点,选用 Logit 模型进行分析。

Logit 模型又被称为逻辑回归模型,是离散选择法模型之一,为多重变量分析范畴。由于其概率表达式是显性的,且模型的求解速度快、应用较为方便,因此被广泛应用到各类决策分析中。当模型的选择集没有发生任何变化,只是各变量的水平变化时,我们可以非常方便地求解在新环境下的各选择枝的被选概率。根据 Logit 模型的 IIA 特性,选择的增加或减少不会影响其他各选择之间被选概率比值的大小,所以可能直接把需要去掉的选择从模型中去掉,也能把新加入的选择枝添加至模型中直接用于预测。当被解释变量为二分类变量时,如是否选择外资企业进行工作(选择为 1,不选择为 0),可以用 Logit 分布作为分类被解释变量的分布函数。Logit 函数和 Logit 回归模型分别如下所示:

$$p(y_i = 1 \mid x_i) = p[\varepsilon_i \leq \alpha + x'_i \beta] = \frac{1}{1 + \exp(-\varepsilon_i)} \tag{4-1}$$

$$\ln\left(\frac{p_i}{1 - p_i}\right) = \alpha + x'_i \beta \tag{4-2}$$

其中,α 代表截距项,β 代表回归系数,x_i 代表第 i 次选择外资企业的解释变量。

Logit 回归模型为非线性模型,故一般采取极大似然估计法进行模型参数的计算。在使用最大似然估计法之前,要建立以选择外资次数的概率表述为未知模型参数得到的似然函数,模型参数的极大似然估计就是能使这个函数值达到最大的参数估计值。推导过程如下:

我们假设选择第 i 次选择外资企业的概率为 $p(y_i = 1 \mid x_i) = p_i$,那么在其他条件不变的情况下不选择外资企业的概率为 $p(y_i = 0 \mid x_i) = 1 - p_i$。则:

$$p(y_i) = p_i^{y_i}(1 - p_i)^{1 - y_i} \tag{4-3}$$

因为每个进行工作选择的人都是独立决策的,通过自然对数的处理,最终我们得到其似然函数:

$$\ln[L(\theta)] = \ln\left[\prod_{i=1}^{n} p_i^{y_i}(1 - p_i)^{1 - y_i}\right] = \sum_{i=1}^{n} \{y_i(\alpha + x'_i\beta) - \ln[1 + \exp(\alpha + x'_i\beta)]\} \tag{4-4}$$

取完对数的似然函数中,对其截距项和解释变量的回归系数分别求偏导,令其为0，迭代计算便可求出使似然函数达到最大值的总体参数。

四、实证结果和分析

（一）全样本中农业转移人口选择外企的决定因素

1. 描述性统计分析

由表4-2我们可以总结出全样本农业转移人口的几个特点：

第一，大多为非党员，党员身份在农业转移人口中只有12%左右的人拥有。

第二，农业户口所占比重较大，占比达到75%以上。

第三，受教育水平普遍偏低，73%以上的农业转移人口受教育水平在高中或中专及以下。

表4-2　部分描述性统计变量　　　　　　　　　　单位：%

	类别	人数	占比	累计占比
性别	男	389	55.26	55.26
	女	315	44.74	100.00
政治面貌	党员	85	12.07	12.07
	非党员	619	87.93	100.00
户口性质	农业户口	532	75.57	75.57
	居民户口曾为农业户口	172	24.43	100.00
受教育年限	0年	15	2.13	2.13
	6年	87	12.36	14.49
	9年	238	33.81	48.30
	12年	175	24.86	73.15
	16年	182	25.85	99.01
	18年及以上	7	0.99	100.00

2. Logit回归及稳健性检验

如表4-3~表4-5所示，最终确定影响农业转移人口是否选择外资企业的因素包括户口登记状态、受教育年限、公司职工人数、有无社保和所处地域。对于该模型的稳健性包括以下几个方面：

第四章 京津冀外资企业农业转移人口就业的影响因素

表4-3 Logit模型回归过程

	Logit_1	Logit_2	Logit_3
foreign			
lpergdp	1.142	1.183	1.193*
	(0.721)	(0.745)	(0.689)
lstaff	0.411***	0.367***	0.365***
	(0.115)	(0.102)	(0.101)
hukou	-1.231	-1.233*	-1.148**
	(0.749)	(0.709)	(0.561)
eduyear	0.207**	0.213***	0.200***
	(0.0829)	(0.0791)	(0.0719)
security	1.048*	0.997*	1.013*
	(0.555)	(0.569)	(0.559)
lincome	-0.0159	0.0199	—
	(0.359)	(0.340)	
workyear	0.0176	0.0121	—
	(0.0371)	(0.0350)	
study	0.222	—	—
	(-0.318)		
pol	-1.033	—	—
	(-0.933)		
gen	-0.108	—	—
	(-0.501)		
_cons	-20.96***	-21.36***	-20.97***
	(7.298)	(7.501)	(7.503)
N	704	704	704
pseudo R^2	0.204	0.191	0.190

注：括号内为标准差，*、**和***分别表示在10%、5%和1%的水平上统计显著。

表4-4 Logit回归结果

foreign	Coef.	St. Err.
eduyear	0.200**	0.079
hukou	-1.149**	0.567

续表

foreign	Coef.	St. Err.
lstaff	0.365***	0.108
security	1.013**	0.523
lpergdp	1.193*	0.645
_cons	-20.967***	7.125

注：*、**和***分别表示在10%、5%和1%的水平上统计显著。

表4-5 lpergdp作为被解释变量的线性回归

Variable	Coef.	VIF	1/VIF
eduyear	0.004	1.19	0.837
hukou	0.136***	1.16	0.866
lstaff	0.231***	1.09	0.915
foreign	0.166*	1.05	0.951
security	0.681	1.05	0.953
_cons	10.696	—	—

注：*、**和***分别表示在10%、5%和1%的水平上统计显著。

第一，进行多元线性回归，比较两个模型的优劣。将 lpergdp 作为被解释变量进行线性回归。结果显示，进行普通线性回归后被解释变量变得不显著，模型的 R^2 值为 0.0667；而 Logit 模型的准 R^2 为 0.1904，Wald 值为 72.63，对应的 P 值为 0.00，故 Logit 回归模型的整个方程联合显著性较高。

第二，多重共线性检验。将模型转化为线性形式，lpergdp 作为被解释变量，测算方差膨胀因子 VIF 和容差值 1/VIF。如表中显示，方差膨胀因子均小于 1.19，容差值均大于 0.83，一般认为方差膨胀因子大于 10、容差值小于 0.1 时存在多重共线性的情况。所以，变量人均 GDP 与其他解释变量不存在多重共线性。以此类推，最终发现方差膨胀因子均小于 10、容差值均大于 0.1，故认定变量间不存在多重共线性。

第三，聚类分析。以受教育年限作为聚类单元，采用聚类标准误的方式对 Logit 模型进行回归，结果与采用一般的稳健标准误几乎没有差别，故认为其不存在组内相关。

在通过了稳健性检验以后,我们进一步计算出了 Logit 模型正确预测比率为97.02%。由上可知,认定该模型有较好的拟合能力。

由表中 Logit 的回归结果,在给定其他变量的情况下,可以简要地分析出以下信息:

第一,农业转移人口的受教育年限与外资选择之间明显正相关。在其他变量不变的情况下,受教育年限每增加一年,选择外资企业的概率就会增加20%。原因主要有以下两点:张健(2019)在分析外资企业与国内企业时提到,国内有些企业引进人才后在岗位的分配上也存在不合理现象。除此之外,国内的企业虽具有比较完善的绩效制度,奖多罚少,但总体上来讲更倾向于平均主义,对于突出人才而言与其他一般的人差异并不大。而我们认为农业转移人口的受教育年限越高,具备的所谓的"人才"的能力越强,这正是外企所看重的。因此,外资企业对高教育水平的人才吸引力更大。

第二,农业转移人口的户口登记状态与外资选择之间负向相关。当其他条件不变且户口登记状态为居民户口曾经是农业户口时,农业转移人口选择外资企业的概率会降低115%,即农转非后的居民选择外资企业的概率会更大。这是因为,田明等(2019)提到了农业转移人口在流入地也逐步获得了部分权益,而当前我国户籍制度改革力度加大,农民工获得城市居民户口后居住更稳定,更可能选择大多在城市的外资企业。

第三,公司职工人数与农业转移人口外资选择有正向相关关系。当其他条件不变时,公司职工人数越多,农业转移人口选择外资的概率越高。员工个数越多,代表公司规模越大,而公司规模越大,越有能力应对外部各种不确定性。因此,在控制了其他条件下,公司规模越大,稳定性越好,对职工的吸引力也就越大。

第四,是否参加社会保障项目和农业转移人口外资选择显著正相关。当其他条件不变时,参加社会保障项目的农业转移人口选择外资企业的概率增加101%。社会保障项目是构成社会保障体系的基本要素和组成部分,是提高劳动生产率、促进生产发展的一大重要工具。参加社会保障项目能在一定程度上减轻职工经济负担,使之更能全身心投入到工作中,是职工的一大福利。因此,参加社会保障项目也是促使选择外资企业的重要因素。

第五，所在区域的人均 GDP 与农业人口为显著正相关。在其他条件不变的情况下，人均 GDP 越高，农业转移人口选择外资企业的概率就会越高。由于人均 GDP 反映地域特征，而人均 GDP 越高的地区经济发展水平越高，因此相对情况下，农业转移人口所处的地域经济发展水平越高，其选择外资企业的概率就会越大。这是因为，FDI 较高的地区拥有更高的工资水平，外商投资的公司比国内同行业的公司支付了更高的报酬。

（二）三大城市群农业转移人口选择外企的决定因素

下文将分别研究三个城市群所在区域的农业转移人口与外资的关联性。其中，京津冀地区的有效样本为 116 个，长三角地区的有效样本数为 169 个，珠三角地区有效样本数为 53 个。

1. 京津冀城市群

2015 年 8 月 23 日，将京津冀地区整体定位为"以首都为核心的世界级城市群"。随着京津冀地区经济的蓬勃发展，其被确定为北方的经济中心。为更好地分析京津冀地区，首先看一下农业转移人口的基本情况（见表 4-4）。

由表 4-6，我们可以得到如下结论：

第一，京津冀农业转移人口中男女比例基本平衡。

表 4-6　部分描述性统计变量　　　　　　　　单位：%

变量	类型	百分比	累计百分比
性别	男	48.28	48.28
	女	51.72	100
受教育年限	0 年	1.72	1.72
	6 年	6.90	8.64
	9 年	26.72	35.36
	12 年	22.41	57.77
	16 年	41.38	99.15
	18 年及以上	0.87	100
户口登记状态	农业户口	66.38	66.38
	居民户口曾为农业户口	33.62	100

第四章 京津冀外资企业农业转移人口就业的影响因素

第二，与全样本的农业转移人口相比，京津冀地区农业转移人口受教育水平较高，有41%左右的农业转移人口为大学本科或专科水平。但整体看依旧偏低，一半以上的农业转移人口受教育水平为高中或中专及以下。

第三，多数农业转移人口都为农业户口，但非农业户口所占比例比全样本中非农户口所占比例略高。

我们对来自京津冀地区的样本进行处理，并使用 Logit 模型进行回归。

如表 4-7 和表 4-8 所示，最终确定影响京津冀地区农业转移人口是否选择外资企业的因素包括农业转移人口的受教育年限、工作经验、公司职工人数、职业收入和是否参加了社会保障项目。对于该模型的稳健性同样包括以下几个方面：

表 4-7 （京津冀）Logit 回归结果

foreign	Coef.	St. Err.
eduyear	0.327（0.131）**	0.210
workyear	-0.178（0.064）***	0.109
lincome	-0.785（0.223）***	0.324
lstaff	0.325（0.195）*	0.217
security	1.844（1.063）*	0.950

注：*、**和***分别表示在10%、5%和1%的水平上统计显著，括号内为稳健标准误。

表 4-8 lincome 作为被解释变量的线性回归

variable	Coef.	VIF	1/VIF
foreign	-0.425	1.11	0.90336
eduyear	0.100***	1.22	0.820073
workyear	0.001	1.09	0.916013
lstaff	0.089***	1.16	0.859454
security	0.493***	1.16	0.862261
_cons	8.727***	—	—

注：*、**和***分别表示在10%、5%和1%的水平上统计显著，括号内为稳健标准误。

第一，进行多元线性回归，比较两个模型的优劣。将 lincome 作为被解释变量进行线性回归。结果显示，进行线性回归后被解释变量不再显著，模型的 R^2 值为 0.3939。而 Logit 模型的 Wald 值为 72.63，对应的 P 值为 0.00，故 Logit 回归模型的整个方程联合显著性较高。

第二，多重共线性检验。将模型转化为线性形式，lincome 作为被解释变量，测算方差膨胀因子 VIF 和容差值 1/VIF。如表 4-7 和表 4-8 所示，方差膨胀因子均小于 1.22，容差值均大于 0.82，所以变量职业收入与其他解释变量不存在多重共线性。以此类推，最终发现方差膨胀因子均小于 10、容差值均大于 0.1，故变量间不存在多重共线。

第三，聚类分析。以受教育年限作为聚类单元，采用聚类标准误的方式对 Logit 模型进行回归，结果与采用一般的稳健标准误的差别微乎其微，故认为其不存在组内相关。

在通过了稳健性检验以后，我们进一步计算出了 Logit 模型正确预测比率为 93.10%。由上，认定该模型有较好的拟合能力。对回归结果的分析如下：

第一，农业转移人口的受教育年限与外资选择存在正向相关关系。在其他变量不变的情况下，受教育年限每增加一年，选择外资企业的概率会增加 32.7%。原因可能是外企的人才引进更注重实效性，尤其是外企的企业文化与人力资源理念比较先进，企业内部各组织机构职能更加完善，对当下市场环境的理解也更透彻，引进人才在岗位与工作分配上更加合理。因此，外资企业对高教育水平的人才吸引力更大。

第二，农业转移人口的工作经验与外资选择有负向关系，即在其他变量不变的情况下，其从第一份非农工作到现在的工作年限越长，选择外资企业的概率就越小。可能的原因有两点：一方面，余大洪（2004）在研究企业文化时提到，外企和国内企业的人才理念不同。外资企业一般更注重职工的长期效用，经过一段长时期的培训后，根据个人喜好和个人能力确定从事某一岗位的具体工作；而国内的企业大多注重短期效用，最好一上班就能为公司创造净利。因此相比之下，对于并不那么看重工作经验的外资企业而言，初入职场的新人或许更容易培养一点。另一方面，京津是众多高校汇聚地，也有可能是两地高校学生所占比重较大，年轻人更愿意接受外企工作，使结果显示工作经验越少选外企可能越大。

第三，农业转移人口的职业收入与外资选择有负向关系，在其他变量不变的情况下,职业收入越高,选择外资企业的概率就越小。京津冀地区的职业收入使用的是上一年的非外资职业收入数据,职业收入越高可能导致其流动性越低,因而越不会选择外企。

第四,公司的员工个数与农业转移人口外资选择为正相关。公司员工个数越多,代表公司规模越大,而公司规模越大,其越有能力应对外部各种不确定性。在控制了其他条件下,公司规模越大,其吸引力也就越大。在其他变量不变的情况下,职工人数越多,选择外资企业的概率越大。

第五,是否参加社会保障项目和农业转移人口外资选择显著正相关,与全样本结果一致。社会保障项目是构成社会保障体系的基本要素和组成部分,是提高劳动生产率,促进生产发展的一大重要工具。参加社会保障项目能在一定程度上减轻职工经济负担,使之更能全身心投入到工作中,是职工的一大福利。因此,参加社会保障项目也是促使选择外资企业的重要因素。

2. 长三角城市群

长江三角洲城市群是国际上公认的六大世界级城市群之一,是全球范围内重要的先进制造业基地、亚太地区重要国际门户。长三角地区分工明确,产业结构合理。在过去的几年中,外资仍然是流入长三角地区最重要、最密集的类型,上海及经济发展较为成熟的苏南地区仍是外资企业发展的主要根据地。接下来我们具体分析一下长三角地区农业转移人口与外资的关联性。

由表4-9可以得到如下结论:

第一,长三角地区农业转移人口男女比例较为均衡。

第二,受教育年限普遍偏低,与全样本结果相似,比京津冀地区低。

第三,73%以上的人口为农业户口,占比较大,高于京津冀地区农业转移人口农业户口所占比重。

表4-9 部分描述性变量　　　　　　　　　　单位:%

变量	类型	百分比	累计百分比
性别	男	51.48	51.48
	女	48.52	100

续表

变量	类型	百分比	累计百分比
受教育年限	0 年	2.37	2.37
	6 年	15.98	18.35
	9 年	34.32	52.67
	12 年	22.49	75.16
	16 年	24.36	99.52
	18 年及以上	0.48	100
户口登记状态	农业户口	74.56	74.56
	居民户口（曾为农业户口）	25.44	100

对于长江三角洲的分析也是类似的，先进行 Logit 回归。

如表 4-10 和表 4-11 所示，最终确定影响长三角地区农业转移人口是否选择外资企业的因素包括农业转移人口的受教育年限、学习能力、公司职工人数、职业收入和所在区域。同样地，对于该模型的稳健性包括以下几个方面：

表 4-10　（长三角）Logit 回归结果

foreign	Coef.	St. Err.
eduyear	0.349（0.139）**	0.168
study	-1.164（0.500）**	0.606
lstaff	0.476（0.178）*	0.237
lincome	1.061（0.446）**	0.759
lpergdp	-1.787（0.475）***	0.803

注：*、**和***分别表示在10%、5%和1%的水平上统计显著，括号内为稳健标准误。

表 4-11　eduyear 作为被解释变量的线性回归

variable	Coef.	VIF	1/VIF
foreign	2.434	1.04	0.960704
study	1.477***	1.06	0.944208
lstaff	0.227	1.05	0.951471

续表

variable	Coef.	VIF	1/VIF
lincome	0.533	1.15	0.868197
lpergdp	0.834	1.11	0.897329
_cons	-7.040	—	—

注：*、**和***分别表示在10%、5%和1%的水平上统计显著。

第一，进行多元线性回归，比较两个模型的优劣。将 eduyear 作为被解释变量进行线性回归。结果显示，进行线性回归以后被解释变量不再显著，模型的 R^2 值为 0.2171；而 Logit 模型的 Wald 值为 41.49，对应的 P 值为 0.00，故 Logit 回归模型的整个方程联合显著性较高。

第二，多重共线性检验。将模型转化为线性形式，lincome 作为被解释变量，测算方差膨胀因子 VIF 和容差值 1/VIF。如表 4-10 和表 4-11 所示，方差膨胀因子均小于 1.15，容差值均大于 0.86，所以变量受教育年限与其他解释变量不存在多重共线性。以此类推，最终发现方差膨胀因子均小于 10、容差值均大于 0.1，故变量间不存在多重共线。

第三，聚类分析。以受教育年限作为聚类单元，采用聚类标准误的方式对 Logit 模型进行回归，结果与采用一般的稳健标准误几乎没有差别，故认为其不存在组内相关。

在通过了稳健性检验以后，我们进一步计算出了 Logit 模型正确预测比率为 95.86%。由上可知，认定该模型有较好的拟合能力。对回归的分析如下：

第一，受教育年限与农业转移人口的外资选择呈现正相关，与全样本和京津冀地区的分析结果一致。原因是相似的。

第二，农业转移人口的学习能力与外资选择存在负向相关关系。在其他变量不变的条件下，空闲时间自主学习的频率越高，选择外资企业的概率越小。这可能是因为相比于京津冀地区和珠三角地区，长三角地区流动人口的工作时间最长。相对应地，长三角地区的工资水平也是三个地区中最高的（栾青霖，2019）。而外资企业较长的工作时间使他们有较少的空闲时间进行自主学习，因此需要自主学习时间的农业转移人口不会选择到外企工作。

第三，员工个数与农业转移人口的外资选择呈正相关关系，与全样本和京津冀地区的分析结果一致。员工个数越多，代表公司规模越大，越有能力应对外部各种不确定性，员工的保障越稳定。

第四，职业收入与农业转移人口的外资选择存在正向相关关系。长三角地区的职业收入为上一年的外企收入，其他变量不变的前提下，职业收入越高，选择外资企业的概率越高，与实际相符。收入是工作的核心，是永远无法避免的话题。因此在控制了其他条件的情况下，收入越高，企业对职工的吸引力越大。

第五，所在地区人均 GDP 与农业转移人口的外资选择呈负相关关系，即所在地区经济越发达，越不愿意选择外资企业。这可能是因为，长三角城市群经济联系强度的梯次结构较为合理，区域内多个核心城市分散，共同促进了城市群整体发展。外资企业主要在上海、苏州、杭州、南京等生活成本很高的城市，相比之下，上海周边的城市群整体发展水平较高，生活成本较小，更容易生存。此外，长三角农业转移人口的平均受教育年限仅为 10.7 年，学历水平难以与高质量的人才抗衡，因而选择长三角中小城市的国内企业更为合适。

3. 珠三角城市群

作为中国对外开放的前沿阵地，珠江三角洲有"南海明珠"的美称。珠江三角洲位于珠江下游，与港澳相毗邻，与东南亚地区隔海相望，便利的交通与海陆条件又使珠三角地区被称为中国的"南大门"。产业发展方面，珠江三角洲地区现已成为世界知名的加工制造和出口基地，是世界产业转移的首选地区之一，初步形成了以电子信息、家电等产业为主的企业群和产业群。不仅如此，珠三角地区还聚集了广东省重要的科技资源，是全省高新技术产业的主要研发基地、中国规模最大的高新技术产业带，也是国内乃至国际上重要的高新技术产业生产基地。

由于用广东省的数据代替了珠三角的数据，人均 GDP 相同，故不把代表地域特征的变量 pergdp 纳入该模型解释变量范围之内。

向表 4-12 可得出珠三角地区农业转移人口的基本特征如下：

第一，男女比例相对均衡，男性群体所占比重较大。

第二，受教育年限普遍较低，高中或中专水平以下的农业转移人口占比超过 62%。整体来看，受教育水平低于京津冀地区，高于长三角地区。

第三，52% 左右的农业转移人口为农业户口，远低于京津冀和长三角地区农业转移人口的农业户口比例。

表4-12 部分描述性变量 单位：%

变量	类型	百分比	累计百分比
性别	男	64.71	64.71
	女	35.29	100.00
受教育年限	0年	0.00	0.00
	6年	9.80	9.80
	9年	27.45	37.25
	12年	25.49	62.74
	16年	31.37	94.11
	18年及以上	5.89	100.00
户口登记状态	农业户口	52.94	52.94
	居民户口曾为农业户口	47.06	100.00

我们用 Logit 模型具体研究珠三角地区农业转移人口与外企的关联。

如表4-13和表4-14所示，最终确定影响珠三角地区农业转移人口是否选择外资企业的因素包括农业转移人口的性别、工作年限、职业收入、公司职工人数和是否参加社会保障项目。同样地，对于该模型的稳健性包括以下几个方面：

表4-13 （珠三角）Logit 回归结果

foreign	Coef.	St. Err.
gen	-3.213（1.441）**	3.212
workyear	0.331（0.106）***	0.205
lincome	-1.815（0.524）***	1.173
lstaff	1.819（0.604）***	1.353
security	5.436（1.733）***	3.567

注：*、**和***分别表示在10%、5%和1%的水平上统计显著，括号内为稳健标准误。

第一，进行多元线性回归，比较两个模型的优劣。将 lincome 作为被解释变量进行线性回归。结果显示，进行线性回归后被解释变量变得不显著，而 Logit

模型的 Wald 值为 17.60，对应的 P 值为 0.0035，故 Logit 回归模型的整个方程联合显著性较高。

表 4-14 （珠三角）Lincome 作为被解释变量的线性回归

Variable	Coef.	VIF	1/VIF
foreign	0.124	1.21	0.825981
gen	0.366	1.18	0.847191
workyear	0.000	1.30	0.77018
lstaff	0.155	1.13	0.88186
security	0.048	1.16	0.862939
_cons	9.755	—	—

注：*、**和***分别表示在10%、5%和1%的水平上统计显著。

第二，多重共线性检验。将模型转化为线性形式，lincome 作为被解释变量，测算方差膨胀因子 VIF 和容差值 1/VIF。结果显示，方差膨胀因子均小于 1.30，容差值均大于 0.77，所以变量职业收入与其他解释变量不存在多重共线性。以此类推，最终发现方差膨胀因子均小于 10、容差值均大于 0.1，故变量间不存在多重共线。

第三，聚类分析。以性别作为聚类单元，采用聚类标准误的方式对 Logit 模型进行回归，结果与采用一般的稳健标准误几乎没有差别，故认为其不存在组内相关。

在通过了稳健性检验以后，我们进一步计算出了 Logit 模型正确预测比率为 98.04%。由上可知，认定该模型有较好的拟合能力。对回归的分析如下：

第一，性别与农业转移人口的外资选择呈负相关，即女性选择外资企业的可能性更大。这可能是因为，国内企业存在性别歧视问题。陈延（2019）在分析企业伦理视角中女性就业中的性别歧视问题时提到，随着社会的发展，我国劳动力市场中女性劳动者所占比重越来越大，中国女性就业率已在全世界名列前茅，但职场对女性的歧视却一直存在。相比之下，地处改革开放前沿的珠三角外企性别歧视问题没有那么突出，能更大限度地保障女性群体在职场的福利待遇，因而女性更偏好选择外资企业。

第二,工作经验与农业转移人口的外资选择呈正相关,这是与京津冀地区的分析结果不一样的。可能的原因是京津冀地区以高新技术产业为主,发展模式成熟稳定。而对于珠三角来说,特殊的地理位置和自贸区的建立,使其成为国内大型贸易往来聚集地。中国在全球产业链中依托大量廉价劳动力的比较优势发展劳动密集型产业,因此珠三角地区劳动密集型产业丰富。城市劳动力的短缺需要大量农村剩余人口来填补,更需熟练劳动力来提高生产效率,以支撑出口产业的不断发展。

第三,职业收入与农业转移人口的外资选择呈负相关。珠三角地区农业转移人口的上一年职业收入为非外企收入,职业收入越高可能导致其流动性越低,因而越不会选择外企。

第四,员工个数与农业转移人口成正比,这是与前面的分析结果相一致的。员工个数越多,公司规模越大,应对外界不确定性的能力越大,对员工越有益。

第五,是否参加社会保障项目与珠三角地区农业转移人口的外资选择之间存在正相关。参加社会保障项目的人选择外资企业的概率大大提高。

(三)三大城市群决定因素比较

研究结果表明,农业转移人口与外资之间有密切关联,这种外部关联性的具体形式随个体特征、企业特征和地区特征的变化而变化,如表4-15所示。

表4-15 各样本的解释变量显著性比较

解释变量	全区域样本	京津冀样本	长三角地区	珠三角地区
个人特征				
户籍登记状态(hukou)	负相关	—	—	—
性别(gen)	—	—	—	负相关
政治面貌(pol)	—	—	—	—
工作经验(workyear)	—	负相关	—	正相关
个人能力(study)	—	—	负相关	—
受教育年限(eduyear)	正相关	正相关	正相关	—
企业特征				
职业收入(income)	—	负相关	正相关	负相关
员工个数(staff)	正相关	正相关	正相关	正相关

续表

解释变量	全区域样本	京津冀样本	长三角地区	珠三角地区
有无社保（security）	正相关	正相关	—	正相关
地域特征				
所在地区人均 GDP（pergdp）	正相关	—	负相关	—

1. 个体特征对农业转移人口外资选择的影响

个体特征对农业转移人口的外资选择有显著影响，但各个城市群之间影响因素各不相同。

户籍登记状态在全区域样本具有显著影响，即农业户口的群体选择外资企业的概率更大，而对于其他三大城市群无显著影响。

性别只在珠三角地区有显著影响，该区域女性更倾向于选择外资企业，而对其他地区无影响。

工作经验对京津冀地区的样本和珠三角地区的样本有显著影响，而对其他样本无显著影响。由于两地产业差异，京津冀地区工作经验少的倾向于选择外资企业，珠三角地区工作经验多的倾向于选择外资企业。

个人能力在长三角地区具有显著影响，自主学习频次越小选择外资企业的概率越大，在其他地区无显著影响。

受教育年限在全区域、京津冀和长三角地区的分析中对农业转移人口的外资选择有显著影响，即受教育年限越高，选择外资企业的概率越大，而对珠三角地区无显著影响，这可能是珠三角劳动密集型产业发展迫切需求中低端劳动力的结果。

政治面貌在所有分析中均不显著，这说明政治面貌对农业转移人口外资选择无显著影响。

2. 企业特征对农业转移人口外资选择的影响

企业特征对农业转移人口外资选择有显著影响，这种影响也因地区不同而有所差异。

对于职业收入，在全样本分析中没有显著影响，而在三大城市群的分析中有显著影响，且影响的结果各有不同。在长三角地区的分析中，职业收入越高则选择外资企业的概率越大,而在京津冀和珠三角地区的分析中,职业收入越低则选择外资企业的概率越大,这可能是地区间产业间差异和不同地区企业间差异导致的。

员工个数在所有分析中都对农业转移人口的外企选择有显著影响,这说明,大公司的规模对于农业转移人口就业的吸引力是有一定分量的。

是否参加社会保障项目在全样本、京津冀地区和珠三角地区的分析中显著影响农业转移人口的外企选择,说明社会保障项目也是农业转移人口就业的一大拉力。而在长三角地区的分析中,社会保障项目并未产生显著影响,原因可能是:在三大城市群的样本中,长江三角洲地区的农业转移人口受教育水平普遍较低,75%以上的人口都是高中或中专及以下的学历,很难进入一家稳定的企业长久谋生,因此社会保障项目也无从谈起。

3. 地域特征对农业转移人口外企选择的影响

所在地区人均GDP即经济发展水平,在全样本和长三角地区的分析中对农业转移人口的外资选择有显著影响,全样本中,所在区域经济越发达,农业转移人口选择外资企业的概率越大,而在长三角地区,所在区域经济越不发达,农业转移人口选择外资企业的概率越大,这和区域经济发展的均衡性有关。长三角城市群经济联系强度的梯次结构较为合理,区域内多个核心城市分散,而长三角地区样本人口受教育程度普遍不高,按照梯次结构顺次选择上海周边城市是合理的。

第五章　长三角和珠三角外资产业和就业人口

第一节　长三角地区的外资产业和就业人口

一、长三角外资利用与人口分布

（一）上海市的 FDI 利用情况和人口布局

在经济全球化发展的浪潮中，外商直接投资（FDI）成为各国经济增长的重要引擎，作为知识外溢和技术外溢的重要传播载体，外商直接投资额持续受到各国广泛的专注。

上海是外商投资的热土和高地，也是市场全国外资的风向标。自改革开放以来，上海市是内地吸引跨国公司总部和外资研发中心数量最多的城市，在改革开放的浪潮中，不断上演"接力赛"。近年来，上海连续实施三轮优化营商环境改革，持续改善的营商环境增强了外资企业的信息和发展活力。为了不断提升外商投资服务能力和水平，给全世界的投资者创造透明、稳定和可预期的营商环境，上海市还建立了外商投资促进服务平台，通过双语的轨道与国际接轨，全方位打造国际范式的投资平台。

近年来，上海利用外资主要呈现以下四方面的特点：一是高附加值服务业利用外资引领增长。全年第三产业利用外资实到金额增长幅度较大,现已占全市实到外资金额的比重达到90.7%。其中,租赁和商务服务业、信息传输、计算机服务和软件业以及科学研究、技术服务和地质勘探业实到金额增幅较大,三个行业实到外资金额现在已占第三产业实到外资金额一半以上的比重。二是香港在沪投资占比较高。香港在沪投资合同金额近年持续上升,占全市合同金额一半以上的比重;实到金额增长占全市实到金额的比重超过60%。三是美国、日本、新加坡等地的投资较快增长。2019年,美国在沪直接投资合同金额为30.30亿美元,比上年增长1.3倍,实到金额6.03亿美元,增长29.6%。日本在沪直接投资合同金额和实到金额分别增长39.2%和4.7%。新加坡在沪投资实到金额增长61.9%。四是总部经济能级持续提升。近年来新增跨国公司地区总部数量不断上升,截至2019年累计达700余家;新认定外资研发中心也逐渐增加,累计近500家。

如表5-1所示,自2000年起,上海市实际利用外资金额呈持续上升态势,其在2008年首次超过100亿美元。2012年占全国比重增幅较大,占比为13.59%,实际利用外资金额为151.85亿美元。2017~2018年,实际利用外资金额较2015年和2016年均有所下降,占全国比重也同时下降。总体来看,上海市实际利用外资金额呈上升增长态势,实际利用外资金额占全国平均比重近1/10。说明上海作为我国的一线城市,其地理位置和金融以及特殊的红利政策,均吸引世界各地的外商前来投资,预计未来上海市的实际利用FDI金额还将持续上涨。

表5-1 2000~2018年上海市实际利用FDI金额与占全国比重

单位:亿美元,%

地区 年份	上海市 实际利用 外资金额	全国 实际利用 外资金额	占全国比重	地区 年份	上海市 实际利用 外资金额	全国 实际利用 外资金额	占全国比重
2000	31.60	407.15	7.76	2010	111.21	1057.35	10.52
2001	43.92	468.78	9.37	2011	126.01	1160.11	10.86
2002	50.30	527.43	9.54	2012	151.85	1117.16	13.59

续表

地区 年份	上海市 实际利用 外资金额	全国 实际利用 外资金额	占全国比重	地区 年份	上海市 实际利用 外资金额	全国 实际利用 外资金额	占全国比重
2003	58.50	535.05	10.93	2013	167.80	1175.86	14.27
2004	65.41	606.30	10.79	2014	181.66	1195.62	15.19
2005	68.50	603.25	11.36	2015	184.59	1262.67	14.62
2006	71.07	658.21	10.80	2016	185.14	1260.01	14.69
2007	79.20	747.68	10.59	2017	170.08	1310.35	12.98
2008	100.84	923.95	10.91	2018	173.00	1349.66	12.82
2009	105.38	900.33	11.70				

资料来源：全国及上海市统计年鉴（2001~2019年）。

如表5-2所示，上海市第一产业利用FDI的金额比重极低，少量金额用于第二产业中，大部分FDI金额投资于第三产业。2006~2018年，上海市第一产业利用FDI金额均不超过1亿美元，第二产业利用FDI的金额比重总体较为固定。2011年起，上海市第三产业利用FDI的金额首次超过100亿美元，且呈持续上涨态势，2014年与2016年更是达到最高值，为163.35亿美元。由于上海市的可利用土地面积较少，作为最早开放的沿海城市之一，其发展早已和国际大都市接轨，因此上海市的土地面积可谓是"寸土寸金"，大部分均用于发展金融业、科学研究和计算机服务业等附加值较高的第三产业。

表5-2　2006~2018年上海市实际利用FDI的产业结构情况　单位：亿美元

年份	第一产业	第二产业	第三产业
2006	0.08	26.83	44.16
2007	0.08	25.97	53.15
2008	0.13	32.36	68.35
2009	0.82	28.40	76.16
2010	0.89	22.01	88.31
2011	0.38	21.33	104.30
2012	0.17	24.89	126.79

续表

年份	第一产业	第二产业	第三产业
2013	0.03	32.10	135.67
2014	0.03	17.78	163.35
2015	0.21	25.00	159.38
2016	0.25	21.54	163.35
2017	0.06	8.49	161.53
2018	0.14	18.31	154.55

资料来源:《上海市统计年鉴》(2007~2019年)。

如表5-3所示,在上述4个年度中,浦东新区的常住人口数最多,但总体呈下降态势。其次是闵行区和宝山区,其常住人口也呈总体下降态势。同时,黄浦区、长宁区、虹口区、金山区和崇明区的常住人口数量不足100万人。其中,常住人口数量最少的地区为黄埔区,2018年仅有50.88万人。

表5-3 2005年、2010年、2015年、2018年上海市各区常住人口数

单位:万人

地区\年份	2005	2010	2015	2018
浦东新区	279.19	504.73	547.49	555.02
黄浦区	50.88	42.97	65.86	65.38
徐汇区	98.59	108.52	108.91	108.44
长宁区	67.18	69.06	69.11	69.4
静安区	25.65	24.67	23.69	106.28
普陀区	110.6	128.88	128.8	128.19
虹口区	78.26	85.23	80.94	79.7
杨浦区	120.32	131.3	131.52	131.27
闵行区	170.76	243.12	253.79	254.35
宝山区	130.54	190.56	202.29	204.23
嘉定区	94.28	147.2	156.8	158.89
金山区	59.21	73.25	79.8	80.5
松江区	88.58	158.34	176.02	176.22
青浦区	73.75	108.19	120.91	121.9

续表

地区\年份	2005	2010	2015	2018
奉贤区	73.44	108.41	115.99	115.2
崇明区	65.68	70.34	69.64	68.81

资料来源：《上海市统计年鉴》（2006~2019年）。

如表5-4所示，上海市人口最稠密的两个区是黄浦区和虹口区。黄浦区因其特殊地理位置和历史积淀被称作上海的心脏、窗口和名片，其也是上海的市中心，因为经济高度繁荣发达，故涌入大量的人口。虹口区是上海中央商务区组成部分之一，被誉为"风水宝地"，也因金融业的繁荣而汇集众多的人口。崇明区是人口密度最少的地区，2018年人口密度仅为580人/平方千米。

表5-4 2005年、2010年、2015年、2018年上海市各区人口密度

单位：人/平方千米

地区\年份	2005	2010	2015	2018
浦东新区	5341	4170	4523	4585
黄浦区	40999	34625	32190	31955
徐汇区	18004	19817	19889	19803
长宁区	17540	18031	18044	18120
静安区	33661	32737	31089	28818
普陀区	20171	23505	23491	23380
虹口区	33330	36299	34501	33944
杨浦区	19812	21620	21657	21615
闵行区	4594	6558	6845	6860
宝山区	4817	7032	7465	7536
嘉定区	2055	3171	3378	3423
金山区	1010	1250	1362	1374
松江区	1465	2614	2906	2910
青浦区	1092	1614	1804	1819
奉贤区	1068	1577	1687	1676
崇明区	554	593	587	580

资料来源：《上海市统计年鉴》（2006~2019年）。

(二)江苏省的 FDI 利用情况和人口布局

江苏省自改革开放以来,成为中国经济增长速度最快、开放程度最高的地区之一。经济总量连续多年保持两位数的高速增长态势,综合经济实力也处于全国顶尖位置,因此,江苏省是我国重要的吸引外资规模最大的地区,近年来引进外资金额稳步上升。

近年来江苏省利用外资主要呈现以下三方面的特点:一是吸引外资规模持续扩大。江苏省地理位置优越,矿产、水产和人力资源丰富,交通运输便利,间歇的政策红利和开放红利使外商资本瞄准江苏省。二是外商投资区域分布日趋合理。江苏省各地区利用外资保持同步增长的趋势,苏南地区继续领跑全省,实际到位外资全面增长。其中,苏州和无锡两市的协议外资额近乎全省的一半。三是外商投资来源地日趋多元化。近年来,随着经济全球化程度加深和中国改革开放力度加大的影响,来江苏省的外商愈加增多,且呈现多元化趋势。其中,香港是江苏省最大的外资来源地。

如表 5-5 所示,2012 年江苏省实际利用外资金额达到最高值,为 357.60 亿美元;2000 年江苏省实际利用外资金额最小,为 64.24 亿美元。2000~2012 年,江苏省实际利用 FDI 金额持续增长,自 2013 年起,呈波动性增长。纵观各年份江苏省实际利用 FDI 金额基数可发现,江苏省作为我国最早开放的城市之一,在吸收外资方面位居中国前列,故实际利用 FDI 金额的基数非常高。2000~2012 年,江苏省实际利用外资金额占全国比重呈波动性增长态势,2014 年起占全国比重总体下降。

表 5-5 2000~2018 年江苏省实际利用 FDI 金额与占全国比重

单位:亿美元,%

地区 年份	江苏省 实际利用外资金额	全国 实际利用外资金额	占全国比重	地区 年份	江苏省 实际利用外资金额	全国 实际利用外资金额	占全国比重
2000	64.24	407.15	15.78	2010	284.98	1057.35	26.95
2001	71.22	468.78	15.19	2011	321.32	1160.11	27.68
2002	103.66	527.43	19.65	2012	357.60	1117.16	32.01

续表

地区 年份	江苏省 实际利用 外资金额	全国 实际利用 外资金额	占全国比重	地区 年份	江苏省 实际利用 外资金额	全国 实际利用 外资金额	占全国比重
2003	158.02	535.05	29.53	2013	332.59	1175.86	28.28
2004	121.38	606.30	20.02	2014	281.74	1195.62	23.56
2005	131.83	603.25	21.85	2015	242.75	1262.67	19.23
2006	174.31	658.21	26.48	2016	245.43	1260.01	19.48
2007	218.92	747.68	29.28	2017	251.35	1310.35	19.18
2008	251.20	923.95	27.19	2018	255.92	1349.66	18.96
2009	253.23	900.33	28.13				

资料来源：《全国及江苏省统计年鉴》（2001~2019）。

如表5-6所示，江苏省利用FDI的产业主要集中于第二产业，第一产业比重最小，其次是第三产业。自2011年起，第三产业利用FDI首次超过100亿美元，此后江苏省第三产业利用FDI的金额比重总体均呈现上升态势。综上可知，第二产业是江苏省外商青睐的投资方向，也可以说第二产业为江苏省外商直接投资的支柱，而第三产业对于外商的吸引力正逐渐扩大，近几年快赶上第二产业的步伐。

表5-6 2005~2015年江苏省实际利用FDI的产业结构情况

单位：亿美元

年份	第一产业	第二产业	第三产业
2005	0.78	114.02	17.04
2006	1.08	144.03	29.20
2007	2.74	164.01	52.17
2008	4.82	184.56	61.81
2009	5.42	181.46	66.35
2010	8.49	195.04	81.45
2011	6.72	197.24	117.34
2012	14.84	230.99	111.76
2013	9.87	183.09	149.50
2014	5.73	153.36	122.65
2015	4.80	124.79	113.16

资料来源：《江苏省统计年鉴》（2006~2016年）。

如表5-7所示，在上述4个年度中，苏州的常住人口数最多，且持续增加。其次是南京市，可以看出南京市作为江苏省的省会城市，享有特殊的红利政策，其常住人口也持续增加。镇江市是上述常住人口最少的市，其常住人口数在上述4个年份均未超过400万人。按照区域划分来看，苏南地区的常住人口持续增加。苏南地区包括南京、镇江、苏州、无锡和常州，地处长江三角洲中心，东靠上海，西连安徽，南接浙江，北依长江，是江苏省经济最发达的区域，也是中国经济最发达、现代化程度最高的区域之一。经济的繁荣发展，吸引了国内国外大量人才的涌入，并且政府还在引进高等人才，因此预计苏南的常住人口会持续增加。

表5-7 2006年、2010年、2015年、2018年江苏省各区常住人口数

单位：万人

地区 \ 年份	2006	2010	2015	2018
南京市	719.06	800.47	823.59	843.62
无锡市	584.17	637.26	651.1	657.45
徐州市	876.48	858.05	866.9	880.2
常州市	425.69	459.2	470.14	472.86
苏州市	809.86	1046.6	1061.6	1072.17
南通市	724.93	728.28	730	731
连云港市	450.52	439.39	447.37	452
淮安市	492.43	479.99	487.2	492.5
盐城市	768.73	726.02	722.85	720
扬州市	445.91	445.98	448.36	453.1
镇江市	299.56	311.34	317.65	319.64
泰州市	463.45	461.86	464.16	463.57
宿迁市	488.71	471.56	485.38	492.59
按区域分				
苏　南	2838.34	3254.87	3324.08	3365.74
苏　中	1634.29	1636.12	1642.52	1647.67
苏　北	3076.87	2975.01	3009.7	3037.29

资料来源：《江苏省统计年鉴》（2007~2019年）。

如表 5-8 所示，江苏省的总人口和年平均人口自 2005 年起持续增加，江苏省作为一线城市，总人口和年平均人口自然伴随着经济的繁荣发展而呈正相关发展态势。2005~2013 年，江苏省人口密度持续上升，2014 年略微有所下降，为 742 人/平方千米，但 2015 年起至 2018 年，人口密度继续呈持续上涨态势。总体来看，随着我国"双循环"政策的提出和实行，必然会进一步刺激江苏省的经济发展，经济发展自然会引入大量的人口。因此，预计江苏省未来的总人口、年平均人口、人口密度的数量还将持续上升。

表 5-8　2005~2018 年江苏省总人口、年平均人口、人口密度（常住）

年份	总人口（万人）	年平均人口（万人）	人口密度（人/平方千米）
2005	7588.24	7555.59	740
2006	7655.66	7621.95	746
2007	7723.13	7689.4	753
2008	7762.48	7742.81	756
2009	7810.27	7786.38	761
2010	7869.34	7839.8	767
2011	7898.8	7884.07	770
2012	7919.98	7909.4	772
2013	7939.49	7929.74	774
2014	7960.06	7949.78	742
2015	7976.3	7968.18	744
2016	7998.6	7987.45	746
2017	8029.3	8013.95	749
2018	8050.7	8040	751

资料来源：《江苏省统计年鉴》（2006~2019 年）。

（三）浙江省的 FDI 利用情况和人口布局

20 世纪 90 年代前，浙江省利用外资规模极小，十年累计实际利用外资只有 2.84 亿美元。但是自中国改革开放进入新时期，外商投资的热情被激发，浙江省在转变利用外资思想、改善投资环境、扩大对外招商引资方面取得重大进展，近年来外商投资规模持续扩大。

近年来，浙江省利用外资主要呈现以下三方面的特点：一是外资规模持续扩张。1993年浙江利用FDI首次超过10亿美元，2001年突破20亿美元，此后浙江省利用FDI金额的速度持续上升。同时，浙江省吸引众多高科技的项目，其中，重大项目的投资还在继续增加。二是外资来源呈现多元化发展态势。总体来看，浙江省的外资来源较为固定。由于地处沿海，距离港澳台地区较近，来自中国香港、中国台湾的投资占据总额投资的前列，其次为来自美国、韩国、日本和新加坡地区的资本。近年来，来自欧洲和大洋洲的外资也逐渐增加。三是引资方式不断创新。近年来，浙江省政府鼓励民营企业同外商投资合作和合资，不仅降低了民营企业的经营成本，为其带来先进的技术、高级设备和管理技能等，同时也降低了外商投资的风险。

如表5-9所示，2018年浙江省实际利用外资金额达到最高值，为186.39亿美元；2000年浙江省实际利用外资金额最小，为16.13亿美元。2000~2007年，浙江省实际利用FDI金额持续增长，2008~2009年略微下降，究其原因，则是2008年来自世界金融危机的影响。2010年起浙江省实际利用外资金额逐年上升，浙江省利用FDI金额占全国比重也同时逐年递增。可以看出，自2003年起，浙江省实际利用FDI比重占全国比重超过10%，2003年为54.49亿美元，此后浙江省在利用外资方面呈快速发展趋势。

表5-9 2000~2018年浙江省实际利用FDI金额与占全国比重

单位：亿美元，%

地区 年份	浙江省 实际利用外资金额	全国 实际利用外资金额	占全国比重	地区 年份	浙江省 实际利用外资金额	全国 实际利用外资金额	占全国比重
2000	16.13	407.15	3.96	2010	110.02	1057.35	10.41
2001	22.12	468.78	4.72	2011	116.66	1160.11	10.06
2002	31.60	527.43	5.99	2012	130.69	1117.16	11.70
2003	54.49	535.05	10.18	2013	141.59	1175.86	12.04
2004	66.81	606.30	11.02	2014	157.97	1195.62	13.21
2005	77.23	603.25	12.80	2015	169.60	1262.67	13.43
2006	88.89	658.21	13.50	2016	175.77	1260.01	13.95

续表

地区	浙江省	全国		地区	浙江省	全国	
年份	实际利用外资金额	实际利用外资金额	占全国比重	年份	实际利用外资金额	实际利用外资金额	占全国比重
2007	103.66	747.68	13.86	2017	179.02	1310.35	13.66
2008	100.73	923.95	10.90	2018	186.39	1349.66	13.81
2009	99.40	900.33	11.04				

资料来源：《全国及浙江省统计年鉴》（2001～2019年）。

如表5-10所示，浙江省利用FDI的产业主要集中于第二产业，第一产业比重最小，其次是第三产业。除2015年度外，浙江省第三产业利用FDI的金额比重自2006年起总体呈现快速上升态势。其中，2016年第三产业利用FDI金额首次突破100亿美元，为102.93亿美元。综上可知，浙江省第一产业利用FDI的金额比重稳定且数值较低，第二产业近年来与第三产业相比，增速明显下降，且第三产业在3个产业结构中利用FDI金额的比重和年增速近年来均超过第二产业。因此，可以推测未来浙江省第三产业在3个产业结构中利用FDI金额的比重还将上升，且其年增速将继续递增。

表5-10 2006～2018年浙江省实际利用FDI的产业结构情况

单位：亿美元

年份	第一产业	第二产业	第三产业
2006	0.21	69.08	19.61
2007	0.89	72.92	29.84
2008	0.45	69.72	30.55
2009	0.80	64.57	34.03
2010	0.90	67.67	41.45
2011	1.80	60.86	54.00
2012	0.83	65.22	64.64
2013	0.81	62.01	78.77
2014	0.81	59.24	97.92
2015	0.90	71.93	96.77

续表

年份	第一产业	第二产业	第三产业
2016	1.29	71.56	102.93
2017	0.81	61.40	116.81
2018	0.22	66.19	119.98

资料来源：《浙江省统计年鉴》（2007~2019年）。

如表5-11所示，在上述4个年度中，温州市的常住人口数最多，且持续增加。作为中国民营经济的发源地，温州曾经以"温州模式"享誉世界。温州位于浙江省最南部，三面环山、一面是东海，地理位置和地形条件均处于劣势。在地理位置和资源禀赋不占据优势的条件下，温州人凭借拼搏进取、不怕吃苦的精神，让温州商城遍布全国各地乃至走出国门。温州市的经济相当活跃，因此吸引海内外的人口来此谋取商机。其次是杭州市，可以看出杭州市作为浙江省的省会城市，享有特殊的红利政策，其常住人口也大幅增加，2019年度高达1036万人。同时杭州市具备优越的教育和公共资源，因此未来发展潜力巨大。

表5-11 2006年、2010年、2016年、2019年浙江省各市常住人口数

单位：万人

地区\年份	2006	2010	2016	2019
杭州市	773.1	870.0	918.8	1036.00
宁波市	671.6	760.56	787.5	854.2
温州市	780.2	912.2	917.5	930.0
嘉兴市	408.0	450.2	461.4	480.0
湖州市	276.7	289.3	297.5	306.0
绍兴市	449.8	491.2	498.8	505.7
金华市	498.6	536.2	552.0	562.4
衢州市	221.1	212.3	216.2	221.8
舟山市	102.8	112.1	115.8	117.6
台州市	570.5	596.9	608.0	615.0
丽水市	227.6	211.7	216.5	221.3

资料来源：国家统计局以及浙江统计年鉴（2007~2020年）。

同时，宁波市和台州市的常住人口数也在持续增加，且其基数均较大。台州市经济发展在当地政府的引导下，发生了天翻地覆的变化，增长方式从粗放型向集约型和环境友好型转变，产业布局从分散无序向统一有序转变，经济增长动力也由初级要素驱动为主转向高级要素驱动为主。政府的引导和企业的创新精神，使得台州市的商业活力迸发，吸引众多有识之士前来创业，继后引入众多劳动力前来打工，增加了常住人口的数量。宁波市作为浙江省最强的二线城市，经济发展相当迅速，2019年经济总量达到11985.1亿元，常住人口达到854.2万人，是浙江省内未来发展潜力最受关注的城市。

总体来看，浙江省各地区的经济发展潜力各具特色，民营经济和外向型经济模式的发展为浙江省的经济发展注入活力，可以推测，未来随着省内各地区经济的发展，会吸引各类人才和劳动力，因此各地区常住人口还会持续增加。

如表5-12所示，嘉兴市的常住人口密度远远领先于其他城市，2019年高达1137人/平方千米。嘉兴市近些年工业经济高速发展，电子信息和装备制造两大主导产业引领工业发展。在拉动嘉兴市经济的"三驾马车"中，投资发挥了重要作用。嘉兴市政府近年来在招商引资方面下足了功夫，因此引入大企业、大外资，百亿级的资本持续投入在这片土地，经济的繁荣发展吸引了海内外人才和前来谋生计的务工者定居在此。

表5-12　2007年、2010年、2016年、2019年浙江省各市人口密度

单位：人/平方千米

年份 地区	2007	2010	2016	2019
杭州市	474	524	554	615
宁波市	702	775	802	870
温州市	670	774	759	768
嘉兴市	1069	1150	1093	1137
湖州市	481	497	511	526
绍兴市	555	593	602	611
金华市	466	490	504	514
衢州市	251	240	244	251
舟山市	719	779	795	806

续表

地区 \ 年份	2007	2010	2016	2019
台州市	609	634	230	612
丽水市	132	122	125	128

资料来源：根据国家统计局以及《浙江省统计年鉴》（2008~2020年）计算。

其次为宁波市、舟山市和温州市。近些年，宁波市通过政策引投、各方联动投等多模式推进建立形成稳定、多元的创新投入机制，在政府创新、企业投入、社会资本的刺激下，经济迸发出欣欣向荣的活力，引来大批人口前来就业和定居。衢州市的常住人口数在上述4个年度的统计中相对其他城市最低，均未超过300人/平方千米。

（四）安徽省的FDI利用情况和人口布局

安徽省自改革开放以来，将有利的国家政策和当地的劳动力、优越的自然资源等要素禀赋相结合，持续吸收和有效利用外商资本。自1984年首家外商企业到安徽投资建厂，经过30多年的发展，安徽省实际利用FDI比1985年翻了数番。实际上，安徽省是以合作开发、合作生产、合作经营的形式来逐步吸收FDI和引进国外先进的技术和管理经验。安徽省利用外资取得了丰硕的成果，弥补了建设资金不足，兴建了大量的重点项目和企业，改善和提升了基础设施条件，培育了众多优秀的骨干企业和驰名海外的商品，全省的经济实力和综合竞争力显著增强。

近年来安徽省利用外资主要呈现以下三方面的特点：一是安徽省利用FDI的规模持续扩大。自2001年起，安徽省外商直接投资额在全国排名由"九五"末期的第21位上升至"十五"末期的第14位。2001~2007年增长速度都高于全国平均增长速度。2018年安徽省实际利用外商直接投资金额为170亿美元，比2017年增长7%。二是外商投资来源以香港为主。观察安徽实际利用外商直接投资的来源，来安徽省投资的国家和地区较为单一，主要有中国香港、中国台湾、新加坡、德国、美国、日本等，其中，中国香港在安徽的外商直接投资中占有较高的比重，在2018年实际利用外商直接投资占61%。其次为中国台湾，来自发达国家如美国、日本、德国的实际投资额相对较少。三是近年安徽利用外商直接投资的方式中独资经营占比较高。实际利用外商直接投资金额的方式主要有三种，分别是合资经营、合作经营和独资经营。自 2000 年起，独资经营受到外商资本的青睐。

根据安徽统计局的数据，2005 年合同外资额中独资经营为 10 亿美元，2018 年为 43 亿美元。2005 年实际利用外商直接投资额中独资经营为 4 亿美元，占实际利用外商直接投资总额的 60%；2018 年实际利用外商直接投资额中独资经营为 108 亿美元，占实际利用外商直接投资总额的 63%。安徽省内利用 FDI 的地区以经济发达城市为主。安徽省利用外商投资的省内地区主要集中在经济繁荣程度较高的城市，其中省会城市合肥占据了绝对优势，合肥市在 2018 年是安徽省利用外资最多的城市，为 32 亿美元，同比增长 6.9%。

如表 5-13 所示，自 2005 年起，安徽省实际利用外资金额呈持续上升态势，其中在 2013 年首次超过 100 亿美元。2017 年占全国比重增幅最大，占比为 12.13%，实际利用外资金额为 158.97 亿美元。2018 年，实际利用外资金额较 2017 年均有所下降，同时占全国比重也同时下降。总体来看，安徽省的实际利用外资规模呈现上升态势，但是相比较东部地区和沿海发达城市，安徽省利用 FDI 的规模偏小。在我国开放的大环境下，安徽省应当抓住目前的机遇，通过多种形式吸引外商投资。因此，安徽省应采取相关措施解决在吸引外商投资和利用外资金额中的问题，并制定出有效利用外商直接投资的长期发展战略，使安徽省最大效用地发挥好自身的要素禀赋。

表 5-13　2000~2018 年安徽省实际利用 FDI 金额与占全国比重

单位：亿美元，%

地区 年份	安徽省 实际利用 外资金额	全国 实际利用 外资金额	占全国比重	地区 年份	安徽省 实际利用 外资金额	全国 实际利用 外资金额	占全国比重
2000	3.18	407.15	0.78	2010	50.14	1057.35	4.74
2001	4.83	468.78	1.03	2011	66.29	1160.11	5.71
2002	7.41	527.43	1.40	2012	86.38	1117.16	7.73
2003	10.95	535.05	2.05	2013	106.88	1175.86	9.09

续表

地区 年份	安徽省 实际利用外资金额	全国 实际利用外资金额	占全国比重	地区 年份	安徽省 实际利用外资金额	全国 实际利用外资金额	占全国比重
2004	5.47	606.30	0.90	2014	123.40	1195.62	10.32
2005	6.88	603.25	1.14	2015	136.19	1262.67	10.79
2006	13.94	658.21	2.12	2016	147.67	1260.01	11.72
2007	29.99	747.68	4.01	2017	158.97	1310.35	12.13
2008	34.90	923.95	3.78	2018	170.02	1349.66	12.60
2009	38.84	900.33	4.31				

资料来源：全国及安徽省统计年鉴（2001~2019年）。

如表5-14所示，安徽省第一产业利用FDI的金额比重较低，2006~2010年，安徽省第一产业利用FDI金额均不超过1亿美元且第一产业所占利用外资的总比重呈下降趋势。大部分FDI金额投资于第二产业，且第二产业利用FDI呈波动式上升态势，2018年达104.88亿美元。自2006年以来，安徽省第三产业利用FDI的金额总体呈持续增加态势，2018年首次突破60亿美元。

表5-14 2006~2018年安徽省实际利用FDI的产业结构情况

单位：亿美元

年份	第一产业	第二产业	第三产业
2006	0.22	10.96	2.78
2007	0.23	21.71	8.05
2008	0.38	23.59	10.92
2009	0.53	28.99	9.32
2010	0.40	36.99	12.75
2011	1.27	48.55	16.47
2012	1.76	60.17	24.45
2013	2.75	73.88	30.25
2014	3.05	63.57	56.77
2015	2.62	79.89	53.41
2016	2.67	101.25	43.75
2017	2.47	98.80	57.70
2018	2.06	104.88	63.02

资料来源：《安徽省统计年鉴》（2007~2019年）。

总体来看，安徽省利用 FDI 的产业结构不合理。发展中国家的外商直接投资，第一产业利用外资的规模和比例应该在 5% 左右或更高一点，对于安徽省这样重农业的省份而言，实际情况不容乐观。安徽省第二产业利用了相当多的外商直接投资金额，但大多数金额都用于劳动密集型或低端产业。安徽省第三产业利用 FDI 金额的比例相对其他沿海城市较低，且 FDI 金额主要集中于金融、信息、旅游、咨询等行业中。

如表 5-15 所示，在上述 4 个年度中，阜阳市的常住人口数最多，超过安徽省会城市合肥市的常住人口数。阜阳市位于安徽省西北部，位居豫皖城市群、华东经济圈，是大京九经济带的接合部，长三角经济圈的直接辐射区，中原经济区门户城市。阜阳市也是东部发达地区产业转移过渡带，是安徽三大枢纽之一。经济的飞速发展吸引数以千计的人口前来定居，且其常住人口还在持续增加。

表 5-15 2010 年、2015 年、2017 年、2018 年安徽省各区常住人口数

单位：万人

年份 地区	2010	2015	2017	2018
合肥市	570.8	778.95	796.53	808.74
淮北市	211.7	217.88	222.79	225.41
亳州市	486.1	504.69	516.88	523.72
宿州市	536.2	554.12	565.69	568.14
蚌埠市	316.9	329.14	337.67	339.2
阜阳市	761.4	790.15	809.26	820.72
淮南市	233.7	343.11	348.7	348.95
滁州市	394.1	401.71	407.62	411.42
六安市	561.8	474.12	480.03	483.74
马鞍山市	136.7	226.22	230.16	233.71
芜湖市	226.4	365.45	369.62	374.82
宣城市	253.4	259.24	261.38	264.83
铜陵市	72.4	159.22	160.8	162.91
池州市	140.3	143.63	144.93	147.45
安庆市	531.5	458.61	464.29	469.13
黄山市	136	137.37	138.44	140.71

资料来源：《安徽省统计年鉴》(2011~2019 年)。

其次是合肥市和宿州市,其常住人口近年来也在持续增加,2018 年分别为 808.74 万人和 568.72 万人。合肥市的常住人口之所以增速较快,与安徽省的经济发展战略密切相关。合肥经济圈是带动安徽省区域经济发展的"领跑"者,围绕经济圈一体化发展的规划布局,合肥市目前正在以迈向高端产业为契机,形成自身在资源和产业中的比较优势。其中,常住人口数量最少的地区为铜陵市,2018 年仅有 162.91 万人。

如表 5-16 所示,安徽省人口最稠密的市区为天长市,近年来虽然城市人口密度在下降,但是相对于其他城市,目前其城市人口密度仍然居于前列。天长市位于安徽省东部,除一面和安徽省来安县接壤外,三面被江苏五县市区环抱,是南京都市圈成员县级城市,是皖江城市带承接产业转移示范区一轴双核两翼产业格局中的两翼之一,享有"安徽东大门"的美誉。天长市也是安徽唯一连续十年经济增速保持十强的城市,县级城市中综合经济实力一直稳居全省前十、中部城市百强,并且近几年均跻身全国科学发展百强县城的行列。

表 5-16 2007 年、2010 年、2015 年、2018 年安徽省各区城市人口密度

单位:人/平方千米

年份 地区	2007	2010	2015	2018
合肥市	8923	4377	3357	3810
淮北市	5896	4025	3883	3631
亳州市	4276	3836	3693	4200
宿州市	2676	2827	3572	3517
蚌埠市	3054	3054	2599	2630
阜阳市	2115	2221	2290	2678
淮南市	935	2536	2213	2512
滁州市	1079	1153	1456	1796
六安市	2579	4356	3600	3657
马鞍山市	5111	5359	4105	4279
芜湖市	4190	5152	1909	2129
宣城市	1691	2088	2695	2715
铜陵市	2294	2299	2632	2604
池州市	889	1089	1199	1226

续表

年份 地区	2007	2010	2015	2018
安庆市	1935	1913	2271	2027
黄山市	556	672	833	879
桐城市	1607	1732	1832	1886
天长市	9085	5311	6152	5958
明光市	513	546	3995	4650
界首市	2299	2360	2341	2419
宁国市	575	578	554	561
巢湖市	1886	2646	7708	7438

资料来源：《安徽省统计年鉴》（2008~2019年）。

其次为合肥市、马鞍山市和淮北市。2007年合肥市的城市人口密度为8923人/平方千米，但是2018年降至3810人/平方千米。上述统计样本中宁国市的城市密度最低，在上述4个年度中均为超过600人/平方千米。可以看出，巢湖市的城市人口密度近年来飞速增长，2007年城市人口密度为1886人/平方千米，2018年增加至7438人/平方千米，增速达294%。

二、长三角外资对人口分布的影响

当前，世界面临新一轮科技、金融和全球化等新的挑战。为了推动更加深层次的改革和更高起点的对外开放，引入新一轮的外资投入，2019年，国务院发布了《长江三角洲区域一体化发展规划纲要》，把长三角城市拓宽至上海市、浙江省、江苏省、安徽省。根据往年长三角城市群投资总额的占比计算可得，外商直接投资金额占全国比重的40%以上，表明长三角一带是外资最青睐的投资目标市场。

自20世纪80年代以来，随着长江三角洲区域改革开放程度的逐步加深，人口迁移由国家高度管控转向自主性迁移，人口迁移的方向也由东向西转为由中西部向东部迁移。长江三角洲地区由于对外开放程度高，吸引了大量外资直接投资，促进了长三角区域经济的发展，吸引了大量的劳动力。

英国学者拉文斯坦在其1889年发表的《迁移规律》论文中指出，经济律阐释了人口迁移的主要推动力，也是最重要的人口迁移规律。人口迁移的过程涉及诸多影响因素，如政治、经济、社会和文化等，但是这些影响因素均可归类为经济和非经济原因。其中，经济原因是影响人口迁移的主要原因，而收入是占据经济原因的主要因素。随着全球经济的发展，经济原因现在也包括物质条件、工作岗位性质等因素。可以说，经济原因主要是个体为提高和改善生活质量而选择理想的城市生活。

在某区域经济开放的条件下，若FDI的流量在东道国某区域增加，会改变区域相对要素禀赋水平和要素禀赋结构。FDI作为工业和服务业的生产要素，当其流量在工业和服务业部门增加，即会改变区域要素禀赋结构和要素禀赋总量。假设FDI要素报酬在东道国全部实现，即FDI的流量提升了当地的市场购买力，扩大了当地市场规模，提高了区域市场消费的潜力。

FDI的流入带动了长江三角洲地区劳动密集型行业的发展，推动长三角区域工业化的进程，工业化的发展会吸收更多的劳动力，而农业人口也持续转化为非农业人口。这一过程首先在省内促进省内人口流动，随着长三角地区工业化水平的提高和信息的传播，吸引了大量的省外劳动力流入。长三角地区在改革开放前，农业中有丰裕的劳动力人口。但当时中国工业化倚重重工业的发展，而重工业只能吸收有限的劳动力，落后的工业化发展进程并未同当时的国情发展需要相结合。改革开放后，国营单位对劳动力的吸收能力并未显著提升且鲜有吸收农村劳动力，在乡镇企业未能充分改善非农就业机会的情况下，FDI的流入逐渐为我国的经济发展注入新鲜活力。此时，FDI大量流入长三角地区，增加了长三角地区各省份行业的资本存量，这些资本存量主要集中于劳动密集型行业，劳动密集型行业的快速发展促进了全国各地的劳动力涌入长三角地区，大幅度提升了长三角地区的人口密度和常住人口数量。

FDI的增加会带来更多的就业机会，吸引劳动力的流入，而这一过程具有自我强化特性。FDI的流入增加了长三角地区的资本存量，在技术水平和其他要素（如土地和劳动力）投入不变的条件下，资本存量的上升会降低资本的边际产出，提高城市劳动力的边际产出。劳动力的边际产出增加使城市对劳动力的需求进一步上升，从而增加大量的就业岗位。

FDI在特定地区集聚往往会吸引工业劳动力流入，而且通过产业聚集效应整合上下游产业链。一个行业中新增的投资带动相关产业链的发展，由此增加新的人力资本需求，推动长三角地区的人口不断聚集。产业聚集推动了长江三角洲城市化的进程，新兴城市的崛起又催生出对劳动力更广泛的需求。

外资集聚过程与劳动力集聚过程之间具有循环累积关系。FDI 是影响长江三角洲地区人口分布的一个重要因素，FDI 增加了长三角地区的资本存量，并且主要分布在劳动密集型行业，增加了就业，从而推动长三角地区常住人口和人口密度的持续上升态势。

三、长三角劳动力外资企业就业的决定因素

（一）长三角劳动力选择外资企业就业的影响因素

长江三角洲地区是中国经济发展最旺盛、创新能力最活跃、开放程度最宽广的区域之一，在国家现代化建设规划和全方位开放格局中具有举足轻重的战略地位。作为中国对外开放的最大地区，长三角工业基础雄厚、商品经济发达，水陆交通方便，是中国最大的外贸出口基地。长三角城市群处于东亚地理中心和西太平洋的东亚航线要冲，是"一带一路"与长江经济带的重要交汇地。国家"一带一路"和长江经济带战略的实施，为长三角城市群更好发挥自身区位优势和开放优势，更高层次更多领域参与国际合作和竞争带来新的机遇。国家新型城镇化战略的实施，提出把城市群作为推进新型城镇化的主体形态，进一步为长三角地区城市群空间管理模式和提升城镇化质量赋予了新动能。伴随长三角经济的旺盛发展，流入长三角地区就业的劳动力源源不断地增加，并且大量人口涌入外资企业就业。

第四章的回归模型宏观分析了三大城市群农业转移人口选择外企就业的决定因素，模型的数据来源于中国综合社会调查（CGSS）2015 年度调查问卷（居民问卷）、国家统计局和中国经济网。解释变量分为个体、企业和地域三个方面，表示个体特征的变量为性别、政治面貌、户籍登记状态、个人能力、教育年限和工作经验，表示企业特征的变量为职业收入、企业员工个数和社保，地域特征的变量用所处地区的人均 GDP 表示。根据劳动力在外资企业就业决定因素的影响程度和数据的可得性，本节内容就影响长三角地区各省份劳动力选择外资企业就业的部分因素进行分析。

1. 上海市劳动力选择外资企业就业的影响因素

（1）教育。

如表5-17所示，上海市普通高校毕业人数总体呈现稳定态势，2018年普通高等学校毕业人数达132500人，普通中学毕业人数在2008~2014年连续下降，2015~2018年继续逐年下降。普通小学毕业人数总体也呈平稳上升态势，2018年处于最高值，达150300人。上海市每万人拥有大学生在上述统计最早年份基数较高，但总体呈下降态势，2013年与2014年并列处于最低值，为每万人拥有大学生209人。

表5-17 2008~2018年上海市接受教育指标　　　　单位：人

年份	毕业学生数			每万人拥有大学生
	普通高等学校	普通中学	普通小学	
2008	122100	200900	104400	266
2009	126900	170300	113600	267
2010	133700	161300	124400	224
2011	139000	154800	130900	218
2012	171300	149100	129500	213
2013	133800	146800	134500	209
2014	132400	143200	131200	209
2015	128700	145500	137900	212
2016	132600	143700	146900	213
2017	134200	141200	143100	213
2018	132500	136200	150300	214

资料来源：《上海市统计年鉴》（2009~2019年）。

总体来看，上海市普通毕业学校的在校学生数和每万人中拥有大学生数相较于全国以及长三角其他省份较高，每年培养出大批高等人才。近几年，上海市先后出台提出总体发展规划，增加教育投入，加强依法治教，改革办学体制，完善学位和研究生教育制度普及初中教育。为适应全国和上海经济、社会发展的需要，上海市政府提出解决潜在的人才危机是发展上海经济和社会事业的首要问题；提出上海市教育"坚持方向，深化改革，增加投入，提高质量，注重效益，适度发展，社会参与，横向协调"的总体发展战略。人才竞争比较优势成为上海市核心竞争力的重要体现。上海市这部分规模宏大、素质一流、富于创新的高等人才更倾向于外资企业灵活的工作机制和良好的创新氛围。因此，可以理解上海市众多接受过高等教育的、品行高尚、能力卓越、富有创新精神和国际竞争力的人才选择到外资企业就业。

（2）人均收入。

如表5-18所示，上海市城镇常住居民人均可支配收入自2008年以来呈现高速上涨的发展态势，2019年达73615元，比2018年增长8.2%，是长江三角洲地区城镇常住居民人均可支配收入最高的地区。农村常住居民人均可支配收入同样位于长三角地区首位，自2008年以来呈递增趋势，2019年再创最高值，为33195元，比上一年增长9.3%。全市居民人均可支配收入自2015年统计以来持续上升，2019年为69442元，比上年同期增长8.2%。个人存款余额位居长三角地区和全国前列，2018年达28569.24亿元。

表5-18 2008~2019年上海市人均收入情况

单位：元，亿元

年份	城镇常住居民人均可支配收入	农村常住居民人均可支配收入	全市居民人均可支配收入	个人存款（住户存款）余额
2008	26675	11385	—	12083.66
2009	28838	12324	—	14357.65
2010	31838	13746	—	16249.29
2011	36230	15644	—	17958.22
2012	40188	17401	—	20247.24
2013	43851	19208	—	21185.69
2014	47710	21192	—	21995.54
2015	52962	23205	49867	23384.73
2016	57692	25520	54305	25112.99
2017	62596	27825	58988	25763.20
2018	68034	30375	64183	28569.24
2019	73615	33195	69442	—

资料来源：《上海市统计年鉴》（2009~2019年）。

上海市各项人均收入和个人存款增加的主要原因包括以下几方面：一方面，上海经济运行总体平稳，就业结构不断优化，为居民工资性收入增长带来积极影响。上海加快供给侧结构性改革，坚持创新驱动发展、经济转型升级，产业结构升级带来就业结构变化从而对居民工资性收入增长带来积极影响。另一方面，上海市职工最低工资标准逐年提升。单位退休人员基本养老金标准和城乡居民养老保险基础养老金标准提高。同时，上海市对离退休人员和困难群体的转移支付力度继续加大。上海市持续加大低保和低收入困难家庭的专项救助力度，上调城乡居民最低生活保障等5项社会救助标准，市、区、镇三级政府继续加大对低收入困难家庭转移支付力度。

总体来看，以上各项数据预计随着上海市经济的发展还会继续上升。外资企业最显著的特征之一即强调薪资与个人业绩结合，个人绩效越高，所获得的报酬越高，并且外资企业比国内同行业公司支付较高的工资，均会提高上海市本地的工资水平和收入水平。正是因为外资企业提供较高的劳动报酬，所以吸引大批的人口选择在外资企业就业。

（3）人均GDP。

人均GDP是最能反映一个国家或地区宏观经济运行状况的有效指标之一。如表5-19所示，上海市2008年人均GDP（按人民币计算）为67916元，2018年人均GDP（按人民币计算）为134982元，从人均1万美元跃升至2万美元，上海仅用了10年时间。同时，可以看出，自表5-19中数据起始年份，上海市各年份人均GDP（按人民币计算）均远远高于全国水平，2018年上海市人均GDP高出全国人均GDP的2倍之多。

表5-19 上海市人均GDP和全国人均GDP 单位：元

年份	上海市人均GDP（按人民币计算）	全国人均GDP（按当年价格计算）	年份	上海市人均GDP（按人民币计算）	全国人均GDP（按当年价格计算）
2005	50282	14368	2013	92852	43684
2006	55615	16738	2014	99438	47173
2007	62909	20494	2015	106009	50237
2008	67916	24100	2016	116582	54139

续表

年份	上海市人均GDP（按人民币计算）	全国人均GDP（按当年价格计算）	年份	上海市人均GDP（按人民币计算）	全国人均GDP（按当年价格计算）
2009	70273	26180	2017	126634	60014
2010	77275	30808	2018	134982	66006
2011	84037	36302	2019	—	70892
2012	86969	39874			

资料来源：《上海市统计年鉴》（2006~2019年）和《中国统计年鉴》（2020年）。

2018年，上海人均GDP按近期美元中间价6.5美元粗略计算，超过2万美元。究其原因，是上海经济敢于率先转型，朝着结构更优、更可持续的高质量方向发展。上海市作为中国经济的超级"引擎"正在加大马力，为长三角地区的改革开放注入更加澎湃的动力。新设上海自由贸易试验区新片区、在上交所设立科创板并试点注册制、实施长江三角洲区域一体化发展国家战略，这三大任务，更加令上海的经济发展势头如虎添翼。

2. 江苏省劳动力选择外资企业就业的决定因素

（1）教育。

如表5-20所示，2008~2019年江苏省研究生毕业生数持续增加，2019年高达5.01万人。本专科生毕业生数总体呈稳定上升态势，中等专业学校毕业生数呈现波动式起伏态势，普通中学和高中毕业生数总体呈下降态势，职业高中毕业生数2008~2019年呈持续下降态势，且2019年毕业人数仅有2.16万人。

表5-20 2008~2019年江苏省毕业生人数 单位：万人

年份	普通高等教育		中等专业学校	普通中学	高中	职业高中
	研究生	本专科生				
2008	2.60	38.09	16.68	152.34	49.91	12.26
2009	2.96	41.27	17.74	147.59	51.31	12.38
2010	2.99	47.89	16.73	140.04	48.64	9.73
2011	3.34	47.71	19.59	130.44	46.61	7.4
2012	3.84	47.03	15.45	119.69	44.48	6.53
2013	4.03	47.38	21.36	110.11	42.59	7.05

续表

年份	普通高等教育		中等专业学校	普通中学	高中	职业高中
	研究生	本专科生				
2014	4.17	47.87	18.4	101.12	39.67	5.46
2015	4.28	48.41	18.06	98.09	36.88	4.03
2016	4.37	48.16	17.06	95.47	33.87	3.72
2017	4.58	48.95	13.28	93.01	31.76	5.32
2018	4.74	49.13	16.43	93.6	31.24	2.8
2019	5.01	48.85	16.11	100.73	31.39	2.16

资料来源：《江苏省统计年鉴》（2009~2020年）。

总体来看，江苏省教育质量持续提升，高等人才和顶尖人才毕业生数量持续增加。近几年，江苏省聚焦教育重点难点，突出服务高质量发展，加快推进现代化教育强省建设，全面深化教育改革，培养顶尖复合型人才，不断增强高校科技创新原动力。

（2）人均收入。

如表5-21所示，江苏省城镇常住居民人均可支配收入自2008年以来呈现平稳上升的发展态势，2019年达51056元，比2018年增长8.2%。农村常住居民人均可支配收入自2008年以来呈递增趋势，2019年再创最高值，为22675元，比上一年增长8.8%。可以看出，2019年常住居民人均可支配收入增速要高于城镇常住居民人均可支配收入。江苏省全市居民人均可支配收入自2013年统计以来持续上升，2019年为41400元，2016~2019年均增长8.8%。职工年平均工资位居全国前列，2019年达98669元。城乡居民收入比由2015年的2.29∶1进一步缩小至2019年的2.25∶1。

表5-21 2008~2019年江苏省人均收入情况

单位：元

年份	城镇常住居民人均可支配收入	农村常住居民人均可支配收入	全市居民人均可支配收入	职工年平均工资
2008	18680	7357	—	31667
2009	20552	8004		35890

续表

年份	城镇常住居民人均可支配收入	农村常住居民人均可支配收入	全市居民人均可支配收入	职工年平均工资
2010	22944	9118	—	40505
2011	26341	10805	—	45987
2012	29677	12202	—	51279
2013	31585	13521	24776	57985
2014	34346	14958	27173	61783
2015	37173	16257	29539	67200
2016	40152	17606	32070	72684
2017	43622	19158	35024	79741
2018	47200	20845	38096	86590
2019	51056	22675	41400	98669

资料来源：《江苏省统计年鉴》（2009～2020年）。

2019年江苏省的人均收入为41400元，在我国内陆省级地区排名前五名，而2013年，江苏省的全体人均可支配收入为24776元，短短6年间，江苏省的人均平均收入就增加16000多元。"十三五"期间，江苏始终坚持践行"以人民为中心"的发展理念，认真落实就业优先政策，稳步实施全民参保计划，老百姓的"钱袋子"是越来越鼓，社会保障的"红利"也越来越多。随着江苏就业形势稳定向好，居民的人均收入和工资也同步稳定上涨。外资企业在沿海地区投资享有众多红利政策，其一般比国内同行业公司支付较高的工资，因此提升江苏省总体工资水平的同时还吸引众多省内外的劳动力前来就业。

（3）人均GDP。

如表5-22所示，2005~2016年，江苏省人均GDP（按当年价格计算）由2万元迅速提升至9万元，2007年人均GDP（按当年价格计算）首次迈上10万元新台阶，2019年达12万元。2018年起，江苏省人均GDP（按当年价格计算）约为全国的2倍，相比于2005年，实现了跨越式的增长。

按当年汇率折算，2012年江苏省人均GDP首次超过1万美元，2018年突破1.74万美元。人均总量超过中等偏上收入国家水平。近年来，江苏省的枢纽产业体系的建设已经相对较为完善，发展路径十分清晰，且经济增长连续多年保持上升态势。

第五章 长三角和珠三角外资产业和就业人口

表5-22 2005~2019年江苏省人均GDP和全国人均GDP 单位：元

年份	江苏省人均GDP（按当年价格计算）	全国人均GDP（按当年价格计算）	年份	江苏省人均GDP（按当年价格计算）	全国人均GDP（按当年价格计算）
2005	23984	14368	2013	74844	43684
2006	27868	16738	2014	81550	47173
2007	33798	20494	2015	89426	50237
2008	39967	24100	2016	96840	54139
2009	44272	26180	2017	107150	60014
2010	52787	30808	2018	115930	66006
2011	61947	36302	2019	123607	70892
2012	67896	39874			

资料来源：《江苏省统计年鉴》（2020年）和《中国统计年鉴》（2020年）。

3. 浙江省劳动力选择外资企业就业的决定因素

（1）教育。

如表5-23所示，2008~2019年浙江省研究生毕业人数持续上升，2018年突破2万人。本专科人数总体呈现平稳上升趋势，中职学校毕业人数自2008年起总体呈下降趋势。每万人拥有大学生人数自2008年起总体呈持续上升态势，2019年总量接近于200人。

表5-23 2008~2019年浙江省教育指标 单位：人

年份	高等学校毕业生数		中等职业学校毕业生数	每万人拥有大学生
	研究生	本专科生		
2008	8944	203203	208400	166.53
2009	7941	218226	192100	172.47
2010	11156	233741	172900	171.28
2011	13046	238448	173900	175.6
2012	15112	247537	190600	180.15
2013	15592	244860	193300	185.05
2014	16535	253708	189700	188.59
2015	17117	263981	168200	190.41

续表

年份	高等学校毕业生数		中等职业学校毕业生数	每万人拥有大学生
	研究生	本专科生		
2016	17801	273342	159800	190.23
2017	18717	276580	151100	190.34
2018	20676	280634	161500	192.09
2019	20875	283396	163300	199.5

资料来源：《浙江省统计年鉴》（2020年）。

自改革开放以来，浙江省相继实施"科教兴省""教育强省"战略，教育事业进入改革与开放、发展与提振的新阶段。经济的快速发展为高等教育奠定了坚实的物质基础，高等教育的蓬勃发展为经济建设提供了智力支持和人才储备。由上述数据可以看出，浙江省高等教育已经进入大众化阶段，并朝着普及化阶段迈进。

（2）人均收入。

如表5-24所示，2019年浙江省城镇常住居民人均可支配收入首次突破"6万元台阶"，2020年为62699元，比上年增加2517元，增长4.2%。2020年浙江省农村常住居民人均可支配收入为31930元，比上年增加2054元，首次跨越"3万元"台阶。全市居民人均可支配收入在2013~2020年持续上升，且2020年首次突破5万元。城乡居民储蓄存款年末余额自2008年以来持续上升，2019年首次突破5万元，显著高于全国水平。

表5-24　2008~2020年浙江省人均收入情况　　　　单位：元，亿元

年份	城镇常住居民人均可支配收入	农村常住居民人均可支配收入	全市居民人均可支配收入	城乡居民储蓄存款年末余额
2008	22727	9258	—	14501
2009	24611	10007	—	17833
2010	27359	11303	—	20612
2011	30971	13071	—	23470
2012	34550	14552	—	26407
2013	37851	17494	29775	28923

续表

年份	城镇常住居民人均可支配收入	农村常住居民人均可支配收入	全市居民人均可支配收入	城乡居民储蓄存款年末余额
2014	40393	19373	32658	30666
2015	43714	21125	35537	34219
2016	47237	22866	38529	38077
2017	51261	24956	42046	40192
2018	55574	27302	45840	45812
2019	60182	29876	49899	53133
2020	62699	31930	52397	—

资料来源：《浙江省统计年鉴》和国家统计局（2009~2020年）。

随着城乡一体化融合发展的持续推进，浙江省收入分配格局不断优化，城乡居民人均可支配收入差距逐年缩小。截至2020年，浙江省城乡居民收入比已连续8年呈缩小态势，为加快浙江省城乡统筹一体化迈入新发展阶段注入新动力，也为浙江省居民走向共同富裕打下了坚实基础。

（3）人均GDP。

如表5-25所示，浙江省人均GDP（按当年价格计算）在2005~2019年持续上升，其中2018年首次达到10万余元。同时，浙江省人均GDP（按当年价格计算）自2008年起与全国差距开始逐渐加大，2019年，前者同后者之比达到1.52∶1。

表5-25　2005~2019年浙江省人均GDP和全国人均GDP　　　单位：元

年份	浙江省人均GDP（按当年价格计算）	全国人均GDP（按当年价格计算）	年份	浙江省人均GDP（按当年价格计算）	全国人均GDP（按当年价格计算）
2005	27703	14368	2013	68036	43684
2006	31874	16738	2014	72730	47173
2007	37411	20494	2015	78768	50237
2008	41405	24100	2016	84921	54139
2009	43857	26180	2017	93186	60014
2010	51110	30808	2018	101813	66006

续表

年份	浙江省人均 GDP（按当年价格计算）	全国人均 GDP（按当年价格计算）	年份	浙江省人均 GDP（按当年价格计算）	全国人均 GDP（按当年价格计算）
2011	58398	36302	2019	107624	70892
2012	62856	39874			

资料来源：《浙江省统计年鉴》（2006~2020年）和《中国统计年鉴》（2020年）。

总体来看，浙江省人均 GDP 仍然保持良好的增长势头，并且与全国总体水平的差距越拉越大。浙江省政府近年来持续推进高质量发展、建设现代化经济体系，打造灵活的运行机制、贴近市场抓住区块链、人工智能等推动创新发展，为经济发展提供原动力。

4. 安徽省劳动力选择外资企业就业的决定因素

（1）教育。

如表5-26所示，安徽省研究生和本科生毕业生数在2008~2019年持续上升，其中，研究生毕业人数在2019年高达16456人，本科生毕业人数自2017年以来增长幅度较前几年缩小。高中毕业人数总体较为稳定，在44万人口的范围内波动。平均每万人口接受高等教育人数在2010~2017年也呈现逐年上升趋势，预计将来会继续呈上升态势。

表5-26 2008~2019年安徽省教育指标　　　　　单位：人

年份	高等学校毕业生数		高中毕业人数	平均每万人口中接受高等教育数
	研究生	本科生		
2008	6956	74911	437481	—
2009	8206	82717	449208	—
2010	8224	90398	443812	184
2011	10043	105891	424199	201
2012	10843	114858	412810	210
2013	11976	121965	416723	220
2014	12704	133251	429396	224
2015	14115	141294	433003	231
2016	14665	147112	388305	226

续表

年份	高等学校毕业生数		高中毕业人数	平均每万人口中接受高等教育数
	研究生	本科生		
2017	15209	152059	376695	225
2018	16103	154074	369152	225
2019	16456	157643	363296	245

资料来源：《安徽省统计年鉴》（2000～2020年）。

总的来说，安徽省高等教育的发展依托于其教育体制机制改革的纵深推进。安徽省近年来推行各级各类职教资源整合和学校布局结构调整，并逐市、逐县、逐校审核调整规划。同时，安徽省加快建设一流学科专业与高水平大学，统筹落实加大专项资金支持力度，深化高等教育领域"放管服"改革，推进科研体制机制改革，积极探索"互联网+"模式下的新型高校发展模式。

（2）人均收入。

如表5-27所示，安徽省城镇常住居民人均可支配收入在2008～2019年持续增长，其中，2019年高达37540元，较2018年增速为9.15%；城镇居民人均消费性支出除2014年有所下降外，其余年份同上年份相比均有所增加，2017年首次突破2万元。农村常住居民人均可支配收入在2008～2019年持续增长，2015年首次突破1万元，2019年较2018年增速为10.15%；农村居民人均消费性支出在2008～2019年均连续增加，其中2019年达14546元。总体来看，城镇与农村常住居民人均可支配收入之比也在逐渐缩小，2019年前者与后者之比为1.58∶1，差值为22124元，同比增长8.47%。

表5-27　2008～2019年安徽省人均收入情况　　　　单位：元

年份	城镇常住居民人均可支配收入	城镇居民人均消费性支出	农村常住居民人均可支配收入	农村家庭人均消费性支出
2008	12990	9524	4202	3284
2009	14086	10234	4504	3655
2010	15788	11513	5285	4013
2011	18606	13181	6232	4957

续表

年份	城镇常住居民人均可支配收入	城镇居民人均消费性支出	农村常住居民人均可支配收入	农村家庭人均消费性支出
2012	21024	15012	7160	5556
2013	23114	16285	8098	5725
2014	24839	16107	9916	7981
2015	26936	17234	10821	8975
2016	29156	19606	11720	10287
2017	31640	20740	12758	11106
2018	34393	21523	13996	12748
2019	37540	23782	15416	14546

资料来源：《安徽省统计年鉴》（2009~2020年）。

安徽省近年来积极响应国家级新兴战略，不断提升产业链，推动智能制造、绿色制造、服务型制造和数字化转型。同时，引资引智，整合社会各方资源，发挥"左右逢源"的区位优势，从基础设施、创新、产业等领域全方位加快发展。因此，安徽省经济活力迸发，居民可支配收入持续增加。

（3）人均GDP。

如表5-28所示，安徽省人均GDP（按当年价格计算）在2005~2019年均保持持续上涨态势，2018年突破5万元。总体来看，与全国人均GDP相比，仍然具有较大差距。

表5-28 2005~2019年安徽省人均GDP和全国人均GDP 单位：元

年份	安徽省人均GDP（按当年价格计算）	全国人均GDP（按当年价格计算）	年份	安徽省人均GDP（按当年价格计算）	全国人均GDP（按当年价格计算）
2005	9193	14368	2013	34256	43684
2006	10630	16738	2014	37184	47173
2007	12989	20494	2015	38983	50237
2008	15535	24100	2016	42641	54139
2009	17715	26180	2017	47671	60014
2010	21923	30808	2018	54078	66006

续表

年份	安徽省人均GDP（按当年价格计算）	全国人均GDP（按当年价格计算）	年份	安徽省人均GDP（按当年价格计算）	全国人均GDP（按当年价格计算）
2011	27314	36302	2019	58496	70892
2012	30683	39874			

资料来源：《安徽省统计年鉴》（2020年）和《中国统计年鉴》（2020年）。

自改革开放以来，安徽省虽然取得了不错的发展，但与全国其他省份相比，差距逐渐增大。安徽省山地面积仅占三成，辖江通海，靠近长三角，但并未处在国家发展主干发展轴的交汇点，省内也未形成中心城市拉动区域经济发展。国务院已经发表关于推动长江经济带发展的指导意见，首次明确安徽作为长三角城市群的一部分，参与长三角的发展规划。近几年，安徽省加快与长三角基础设施互联互通。积极承接长三角产业转移，凭借后发优势，安徽省经济潜力未来将会得以充分地迸发。

（二）数据、变量和回归模型

1. 数据的选取及预处理

本节内容所涉及模型的数据主要源于2013~2020年国家统计局和长三角地区各省统计局。由于不同连续变量之间量纲单位往往不同，为了模型更具准确性与可行性，此处针对连续变量X_1、X_2等进行了标准化处理。同时，由于数据可得性，此处被解释变量中由上海主要年份离休、退休及退职职工人数替代港、澳、台和外商企业单位就业人数。此外，由于模型选取的解释变量数量较多，此处还对不同样本间数据进行了单位统一等处理。

2. 变量选择

本书第四章内容采用Logit模型对研究对象进行分析，为更清晰、明确地对研究对象进行分析，此处采用多元回归模型。被解释变量Y为长三角地区港澳台、外商投资单位就业人数与年末总就业人数之比；解释变量包括2012~2019年各年长三角地区年底外商直接投资总额X_1、城镇常住人口可支配收入X_2、港澳台商和外商投资单位就业人员平均工资X_3、长三角地区人均GDP X_4、研究生数X_5、长三角地区进出口总额X_6，如表5-29所示。

表5-29 变量设置及说明

变量	变量符号	变量说明
FDI	X_1	长三角地区年底外商直接投资总额
城镇常住人口可支配收入	X_2	2012~2019年长三角地区各省份数据汇总
平均工资	X_3	港、澳、台商和外商投资单位就业人员平均工资
人均GDP	X_4	2012~2019年长三角地区各省份人均GDP汇总数据
研究生数	X_5	研究生毕业生数汇总
进出口总额	X_6	长三角地区各省份进出口总额汇总
长三角地区劳动力外资企业就业的决定因素	Y	港澳台、外商投资单位就业人数与各省就业人员之比

3. 模型设定

根据前文第三章关于京津冀地区农业转移人口选择外资企业就业决定因素的研究，结合研究特点，此处选用多元回归模型进行分析。在实际经济问题中，一个变量往往受到多种因素的影响，所以线性回归模型中的解释变量有多个，这样的模型即为多元线性回归模型。为研究表5-29中各解释变量以及被解释变量Y之间的关系，此处将模型设为：

$$Y = \beta_0 + \beta_1 X_1 + \beta_2 X_2 + \beta_3 X_3 + \beta_4 X_4 + \beta_5 X_5 + \beta_6 X_6 + \varepsilon \quad (5-1)$$

4. 实证结果和分析

(1) 模型回归及检验。

如表5-30所示，此次分析采用最小二乘法（OLS）对所收集数据进行OLS回归估计，对不符合要求的数据进行剔除后得出如下结果。

表5-30 OLS结果

Variable	Coefficient	Std. Error	Prob.
C	0.096949	0.004159	0.0000
X_1	0.238289	0.109782	0.0957
X_2	-0.688115	0.168596	0.0151
X_6	0.426521	0.079047	0.0057

根据回归参数结果，$R^2 = 0.924717$，说明模型对样本的整体拟合度较好。模

型的最终结果表明,选取的变量中长三角地区外商直接投资总额 X_1、城镇常住人口可支配收入 X_2 和长三角地区各省份进出口总额 X_6 的 P 值在 10% 的显著水平下通过检验,即 X_1、X_2 和 X_6 解释变量对长三角地区劳动力选择外资企业就业的决定因素呈现显著影响。经过相关性检验后模型不存在多重共线,得出回归方程为:

$$Y = 0.0969 + 0.2383X_1 - 0.6881X_2 + 0.4265X_6 \qquad (5-2)$$

(2) 模型分析。

由上述回归结果,在给定其他变量的情况下,可以得出如下分析:

长三角地区劳动力是否选择在外资企业就业与长三角地区 FDI 总额呈现正相关。在其他变量不变的条件下,当 FDI 总额每增加 1 万元,长三角地区劳动力选择在外资企业就业的概率增加到 24%。

长三角地区劳动力是否选择在外资企业就业与城镇常住人口可支配收入呈现负相关。在其他变量不变的条件下,当城镇常住人口可支配收入每增加 1 万元,长三角地区劳动力选择在外资企业就业的概率降低至 69%。

长三角地区劳动力是否选择在外资企业就业与长三角地区进出口总额呈现正相关。在其他变量不变的条件下,当进出口总额每增加 1 万元,长三角地区劳动力选择在外资企业就业的概率会升高 43%。

(3) 基本结论。

第一,长三角地区的外商直接投资金额越高,劳动力选择在外企就业的可能性越高。一方面,近年来外商对长三角地区投资不断增加,制造业成为备受青睐的领域,尤其是高端制造业领域。另一方面,对服务业的投资也不断加码,外资企业越来越注重提升投资能级,将生产、研发、营销等环节设立在长三角地区。因此,外资企业对于高科技等复合型人才的需求不断增加。另外,本章前文内容针对长三角地区的教育情况进行综合分析,长三角地区的平均教育水平高于全国水平,汇集大量的高端人才。外企相对来说晋升机会多、办公环境舒适轻松、人际关系较简单,分工明确,公司战略决策较宏远,锻炼个人就业的眼光和能力。因此,外资企业相对较快的晋升机制和轻松的工作氛围吸引长三角地区大量的人才前去就业。

第二,城镇常住人口可支配收入越高,选择外企就业的可能性较低。一方面，此处模型将长三角地区4个省份的人均可支配收入汇总后进行回归，而长三角地区各省份间经济差异和对外贸易差异较大，如安徽省2019年的城镇常住人口可支配收入不及上海市的一半以上，所以此处城镇常住人口可支配收入与被解释变量的结论存在"被平均化"的影响因素。另一方面，由于近年来国企发展势头良好，工资相对较为可观，相当一部分就业群体认为在国企就业就意味着"铁饭碗"，对于个人心理依靠有较强烈的归属感和稳定性。所以部分劳动力在国企拥有较高的收入，并无强烈意愿选择到外企就业。

第三，长三角地区的进出口总额越高，就业个体选择在外企就业的可能性较高。首先，自改革开放以来，长三角发展成为我国经济发展最活跃、开放程度最高且创新能力最强的区域之一，进出口总额也位于全国前列。强劲的进出口表现提高长三角地区人民的思想自由度和对外来文化的包容度，相对于我国西部地区来说，长三角地区的人口更能接受外企就业。其次，进出口发展为长三角提供完整的产业链和供应链，各类人才能在每个生产环节发挥其所长，因此，人口吸附能力较强。最后，近年来众多外商在长三角地区经营服务贸易，服务贸易的发展促进长三角地区第三产业结构的调整。对于大部分人才来说，第三产业具有更优质的就业机会，因此劳动力可能选择在拥有大量外资企业的第三产业中就业。

第二节　珠三角地区的外资产业和就业人口

一、珠三角外资利用与人口分布

（一）珠江三角洲利用外资的优势分析

区位优势：地形平坦，平原广阔，气候温暖湿润，水网密布，交通便利，土壤肥沃，水源充足，人口稠密，经济发达。珠江三角洲既是地理区域，也是经济区域，位于广东省中部地区。新珠江三角洲城市群包括广州、佛山、肇庆、清远、云浮、韶关、深圳、东莞、惠州、汕尾、河源、珠海、中山、江门、阳江,由"9+6"融合发展的城市所形成的珠江三角洲,有"南海明珠"之称。珠江三角洲是中国人口集聚最多、创新能力最强、综合实力最强的三大城市群之一。2015年1月26日,世界银行报告显示,珠江三角洲超越日本东京,成为世界人口和面积最大的城市群。珠江三角洲位于广东省的东南部,珠江下游,毗邻港澳,与东南亚地区隔海相望,海陆交通便利,被称为中国的"南大门",本区位于我国东南沿海,同香港、澳门毗邻,靠近东南亚,地理位置相当优越。这样的区位条件使本区得以发挥劳力丰富、地价低廉的优势,就近接受港澳产业的扩散,利用港澳贸易渠道转口大量出口商品,参加广泛的国际分工。

人文优势:具有对外开放的历史传统,很多地方是著名的侨乡。

政策优势:国家对珠江三角洲地区实施了"对外开放,优先发展"(设特区,全开放;先富带后富)的策略。

雄厚的人才和技术优势:劳动力素质高。

产业基础优势:珠江三角洲地区已经成为世界知名的加工制造和出口基地,是世界产业转移的首选地区之一,初步形成了以电子信息、家电等为主的企业群和产业群。珠江三角洲工业基地位于广东省中南部,具有平原广阔、气候温和、河流纵横等优越的自然条件,是我国人口、城镇密集,经济发达的地区之一,也是我国对外开放的前缘地带,更是我国科技最发达的工业中心。

珠江三角洲聚集了广东省重要科技资源,是全省高新技术产业的主要研发基地,是中国规模最大的高新技术产业带,是国内乃至国际重要的高新技术产业生产基地。珠三角经济区信息化综合指数67.6%,高出全省3.3个百分点。珠江三角洲地区和深圳市被确定为首批国家级电子信息产业基地;全国第一个Linux公共技术支持服务中心建成投入使用。

较强的互补性优势:香港作为国际金融中心之一,资本、信息资源和人力资源丰富,但劳动力成本过高,市场容量小;澳门是世界著名的旅游城市,但发展空间狭小;珠江三角洲的自然、人力资源丰富,其经济的快速发展又吸引了内地大量廉价劳动力和技术人员,加上其经济的辐射作用,从而形成了巨大的消费市场特有的经济后续发展优势:与港澳和发达地区相比,珠江三角洲属于后发展地区。毗邻港澳的地缘优势,不仅为当地经济发展提供了大量的资金和技术,而且积累了丰富的经验和教训。

政策优势：2008年底，国务院下发《珠江三角洲地区改革发展规划纲要》，广州、深圳、佛山、东莞、中山、珠海、江门、肇庆、惠州共9个城市。"大珠三角"指原珠三角9个城市，加上香港特别行政区和澳门特别行政区构成的区域是我国改革开放的先行地区，是中国重要的经济中心区域之一，在全国经济社会发展和改革开放大局中具有突出的带动作用和举足轻重的战略地位一体化上升为国家战略。围绕着基础设施、产业布局、城乡规划、公共服务、环境保护一体化，珠三角的经济地理结构正在发生重大变化。轨道、绿道"双道"建设，为珠三角区域一体化提速提供了基础性条件。11个城市大经济圈悄然形成，珠三角内部城市走向有机融合。

农业基础好：在珠江三角洲过去近20年赖以高速发展的各项竞争优势中，最值得强调的，莫过于其毗邻港澳的地缘区位优势和改革开放先行带来的体制、政策优势。事实上，珠江三角洲地区是广东最接近港澳，也是开放最早、最彻底的区域，深圳、珠海两个特区分别直接与港澳相连，沿海开放城市广州在珠江三角洲地区的中心与香港鼎足而立，穗港发展轴与穗澳发展轴分别纵贯珠江三角洲东、西两部，而经广州南沙—虎门的轮渡以及大桥连通了东西两轴，更使穗港澳成了"铁三角"。就地缘区位而言，珠江三角洲的地理位置及土地、气候、物产资源等条件是基本不变的，而真正要发挥其毗邻港澳的比较优势则取决于是否实行改革开放这个政策条件。改革开放前，同样是珠江三角洲地区，没能发挥毗邻港澳的优势形成竞争力，这也说明了珠江三角洲过去所受到的政策以及体制上的约束是很大的，只是由于实行了改革开放政策，才让珠江三角洲地区得以利用自身的地理区位、土地、劳动力等条件，大规模地引进港澳的资金、技术、管理和市场，两者的结合就转换成珠江三角洲经济发展的比较优势。相对于内地，珠江三角洲地区首先就有"先行一步"的特殊政策，使其地缘区位得以发挥作用；而相对于沿海其他开放地区，珠江三角洲又有着优越的地缘区位，在同样实行改革开放政策的情况下，其地缘区位就成为政策得以发挥更大作用的前提条件。等到改革开放成为全国普遍实行的政策时，珠江三角洲地区已经通过在先行阶段由比较优势所引致的发展模式形成了较强的竞争力，从而又得以继续保持其领先于其他区域的比较优势。

（二）珠江三角洲人口分布分析

1. 珠江三角洲人口分布现状特征

从人口总量变化来看，1982～2010年珠三角地区人口数量增加了3821.66万人，增长率达215.61%，远超全国平均水平；从人口流动状态看，1982～2010年珠三角地区以人口流入为主，其中，珠三角的中部以及东部城市成为人口流入的主要地区，人口迁移流入是珠三角地区总人口增加、人口集聚程度增高的主要原因之一，但近十年珠三角地区的人口流入速率有所减缓；从人口集聚度上看，1982～2010年珠三角地区县市人口集聚程度普遍高于全国平均水平，并逐年增高，深圳、广州、东莞等市已成为区域人口集聚中心。

2. 珠江三角洲城市群

珠江三角洲城市群包括广州、深圳、珠海、佛山、东莞、中山、江门、肇庆、惠州9个城市，新规划扩容韶关、清远、云浮、河源、汕尾5个城市，一共14个城市所形成的珠三角城市群，大珠江三角洲地区另外加上香港、澳门是国家级三大城市群之一。

3. 珠江三角洲城市群形成优势

政府政策机遇。自1978年实行改革开放以来，我国城镇化发展出现了新的契机，尤其是改革前沿的广东省，更是从中得到了空前的发展。改革开放先行一步的经济和政策优势，对珠三角城市群的形成和发展具有重大意义。这种经济体制的改革与对外开放格局的初步形成，极大地吸引了全国的资金、人才、技术等生产要素在这里聚集，为珠三角城市群的形成铺平道路。

行政区域规划优势。珠三角同属一个省管辖，在资源整合协调上明显优于长三角或京津冀地区，后两者由三省市管辖，整合协调相对较难。这一因素可以使得珠三角能够更好地在统一的规划与安排下整合各城市的资源，发挥各个城市的优势，相互分工合作，这能够使城市群进行良性循环。

地缘优势。珠三角区位优势十分明显：珠三角毗邻港澳，且改革开放初期正逢港澳产业结构升级换代，需要依托大陆转移其成本日渐高昂的轻型产品加工制造业，于是大量资金流入珠三角城市；面临南海，与东南亚隔海相望，越过海洋能与整个世界联结在一起。

具备极大包容性的文化。岭南文化毫不排斥地接受来自五湖四海的投资者、企业家和各方面的人才,也填补了本土很多资源的不足。综观珠三角的发展历程,外来人员所做的贡献是巨大的,帮助珠三角形成世界级的城市群他们还将发挥更大的作用。

足够的资金流入。珠三角是我国著名的侨乡,港澳同胞、海外侨胞最多,与海外有天然便利的人文联系。珠三角吸引的外资中,港澳和侨资占绝大部分,这对珠三角外向型经济发展起了主导作用。

二、珠三角劳动力外资企业就业的决定因素

假设一:珠江三角洲外企员工工资是影响珠江三角洲劳动力外资企业就业率的影响因素,建立计量模型:

$$y = \alpha_0 + \alpha_1 x_1 + \alpha_2 x_2 + \alpha_3 x_3 + u_i \tag{5-3}$$

其中,y 是广东省各市年平均外企员工数量,x_1 是外企员工年平均工资,x_2 是外商投资企业出口总额,x_3 是外商投资企业进口总额。回归结果如表 5-31 所示。

表 5-31　回归结果

y	系数	稳健标准误	Z 值	P 值	下 95% 置信区间	上 95% 置信区间
x_1	0.0014848	0.0002179	6.82	0.000	0.0010578	0.0019118
x_2	0.0888602	0.0866369	1.03	0.305	-0.080945	0.2586654
x_3	0.2320367	0.127619	1.82	0.069	-0.0180919	0.4821654
cons	-48.56766	12.29429	-3.95	0.000	-72.66403	-24.47128

由上可以得出结论:珠江三角洲外企员工工资是影响珠江三角洲劳动力外资企业就业率的影响因素。

假设二:珠江三角洲对外直接投资是影响珠江三角洲劳动力外资企业就业率的影响因素之一,建立计量模型:

$$y = \alpha_0 + \alpha_1 x_1 + \alpha_2 x_2 + \alpha_3 x_3 + \alpha_4 x_4 + \alpha_5 x_5 + \alpha_6 x_6 + u_i \tag{5-4}$$

其中,y 是广东省各市年平均外企员工数量,x_1 是外企员工年平均工资,x_2 是外商投资企业出口总额,x_3 是外商投资企业进口总额,x_4 是对外直接投资项

目，x_5 是对外直接投资合同利用金额，x_6 是对外直接投资实际使用金额。回归结果如表 5-32 所示。

表 5-32 回归结果

y	系数	稳健标准误	Z 值	P 值	下 95% 置信区间	上 95% 置信区间
x_1	0.0013688	0.0002684	5.10	0.000	0.0008427	0.0018949
x_2	0.1135722	0.0839562	1.35	0.176	-0.0509791	0.2781234
x_3	0.1987202	0.1263168	1.57	0.116	-0.0488562	0.4462966
x_4	0.00341	0.0046305	0.74	0.461	-0.0056657	0.0124856
x_5	6.18e-07	2.76e-06	0.22	0.823	-4.80e-06	6.03e-06
x_6	-2.53e-07	0.000018	-0.01	0.989	-0.0000356	0.0000351
cons	-45.28352	13.57468	-3.34	0.001	-71.88941	-18.67762

由上说明珠江三角洲外企员工工资、珠江三角洲对外直接投资均是影响珠江三角洲劳动力外资企业就业率的影响因素，具体珠江三角洲对外直接投资通过影响珠江三角洲外企员工工资作业中介变量也可最终影响珠江三角洲劳动力外资企业就业率。中介回归结果如表 5-33 至表 5-35 所示。

表 5-33 中介回归结果

y	系数	稳健标准误	Z 值	P 值	下 95% 置信区间	上 95% 置信区间
DID	-0.0009	0.0004	-1.95	0.051	-0.0017	0.0005
x_1	0.0014	0.0005	2.93	0.003	0.0005	0.0023
x_2	0.1032	0.2123	0.49	0.627	-0.3128	0.5192
x_3	0.1881	0.3076	0.61	0.541	-0.4148	0.7910
常数	-22.6550	23.3166	-0.97	0.331	-68.3546	23.0446

表 5-34 回归结果

x_1	系数	稳健标准误	t 值	P 值	下 95% 置信区间	上 95% 置信区间
x_2	-15.03665	21.01455	-0.72	0.475	-56.57595	26.50266
x_3	31.23109	32.20953	0.97	0.334	-32.43724	94.89942
x_4	5.31069	0.7784566	6.82	0.000	3.771921	6.849459
cons	48136.81	965.4056	49.86	0.000	46228.5	50045.12

表 5-35　回归结果

y	系数	稳健标准误	t 值	P 值	下 95% 置信区间	上 95% 置信区间
x_1	0.0017228	0.0002672	6.45	0.000	0.0011946	0.0022511
x_2	0.044778	0.067271	0.67	0.507	-0.088204	0.1777601
x_3	0.307171	0.1032617	2.97	0.003	0.1030422	0.5112998
x_4	0.0009905	0.0028638	0.35	0.730	-0.0046708	0.0066518
cons	-62.25922	13.22771	-4.71	0.000	-88.40791	-36.11053

三、影响因素拓展

（一）广东自贸区粤港澳大湾区建设

广东自由贸易试验区是中国政府设立的区域性自由贸易园区，属中国自由贸易区范畴。该试验区于2014年12月经国务院正式批准设立，其中，包括深圳前海蛇口片区、广州南沙新区片区和珠海横琴新区片区。广东省长朱小丹任组长，成员单位囊括省各相关厅局，海关、检验检疫部门和三大片区等。2018年4月21日，中国（广东）自由贸易试验区挂牌满三周年，共形成385项制度创新成果。

广东自由贸易试验区拟以"对港澳开放"和"全面合作"为方向，在投资准入政策、货物贸易便利化措施、扩大服务业开放等方面先行先试，率先实现区内货物和服务贸易自由化。对于珠江三角洲直接投资有推动作用进而带动珠江三角洲劳动力外资企业就业率的改善。

港澳大湾区（Guangdong – Hong Kong – Macao Greater Bay Area，GBA），位于中国华南地区，是中国开放程度最高、经济活力最强的区域之一，是世界四大湾区之一。该区的中心城市包括香港、澳门、广州和深圳，著名的景点有维多利亚港、中国澳门历史城区、长隆旅游度假区、鼎湖山等。

打造粤港澳大湾区，建设世界级城市群，有利于丰富"一国两制"实践内涵，进一步密切内地与港澳交流合作，为港澳经济社会发展以及港澳同胞到内地发展提供更多机会，保持港澳长期繁荣稳定；有利于贯彻落实新发展理念，深入推进供给侧结构性改革，加快培育发展新动能、实现创新驱动发展，为我国经济创新力和竞争力不断增强提供支撑；有利于进一步深化改革、扩大开放，建立与国际接轨的开放型经济新体制,建设高水平参与国际经济合作新平台,有利于推进"一带一路"建设,通过区域双向开放,构筑"丝绸之路经济带"和"21世纪海上丝绸之路"对接融汇的重要支撑区、内地与港澳深度合作示范区。依托粤港澳良好合作基础,充分发挥深圳前海、广州南沙、珠海横琴等重大合作平台作用,探索协调协同发展新模式,深化珠三角九市与港澳全面务实合作,促进人员、物资、资金、信息便捷有序流动,为粤港澳发展提供新动能,为内地与港澳更紧密合作提供示范,因此,粤港澳大湾区建设通过影响珠江三角洲带动珠江三角洲对外直接投资,发展外向型经济,促进珠江三角洲劳动力人才流动,故而影响珠江三角洲劳动力外资企业就业率,对于劳动力外资企业就业率改善有推动助力作用。

(二)珠江三角洲工业化

社会流动走向健康有序,珠江三角洲地区是全国最大的外来工聚集地。现在,在该地区就业的外来务工者有数百万人,形成了规模庞大、富有特色的外来务工人员流动群,这种社会流动符合现代市场经济的逻辑,是人力资源优化配置的自然体现,经过多年的探索和努力,政府有关部门和劳务机构对外来务工者的管理,已经基本上实现了依法管理,使社会流动从无序走向了有序。珠江三角洲工业化推动助力珠江三角洲城市化,带动珠江三角洲劳动力流动故而影响珠江三角洲劳动力外资企业就业率,"世界工厂"为大量外来务工人员尤其是农民工创造了就业机会。

第六章 外资企业吸收就业的国际比较

第一节 外商直接投资

一、全球外商直接投资概述

1999~2019年,受到经济发展和政治动态情况的影响,全球外国直接投资净流入量跌宕起伏,发展并不稳定。进入21世纪以前,全世界外商直接投资流入量的年增长率大于20%;进入21世纪以后,2000~2007年,全世界的FDI流入平均年增长率只有8%;由于世界金融市场不稳定、政治情况复杂等多变的国际环境因素,2008~2018年,全球FDI增长率仅为1%,如图6-1所示。

进入21世纪以来,发达国家的外商直接投资起伏变动较大,发展中国家虽然受到国际经济形势和政策的影响,其外商直接投资有小范围波动,但总体趋势较为稳定。

近十年来,有十多个国家在外商投资领域引入了新的筛选、核查机制,针对当前的审核查验制度进行了40余项修订,包括对一些相关行为引入了新的民事、刑事或行政处罚,针对外来投资制定了更为严谨的规章制度;基于对国家安全、信息技术安全等敏感的数据、科技领域,对于外资企业所有权的考量与限制也成为决策者需要严肃思考的问题;此外,国际贸易和投资政策发展的不确定性也不

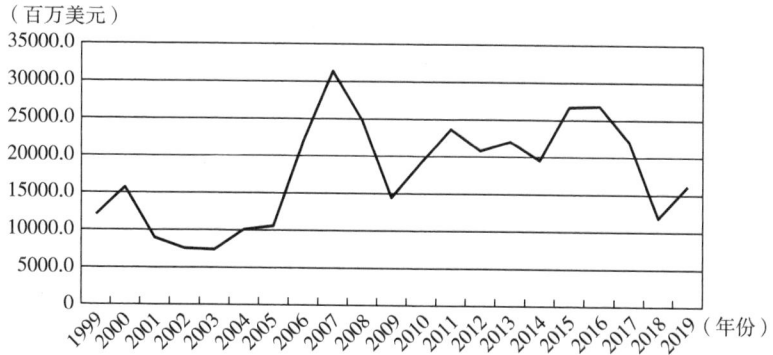

图6-1 全球外国直接投资净流入

利于投资者的信心；跨国公司的结构逐渐发生转变，数字技术在各行各业内的广泛应用，令国际生产与国际分工逐渐向轻量化转变，国际直接投资结构在服务贸易的比重逐年增加。全球对外直接投资前景，将会受到更多的限制与约束。

二、发达国家外商直接投资影响因素分析

发达国家外商直接投资受到国际形势、经济变动的影响较大，整体投资水平不稳定，增长乏力、跌宕起伏。

2007年，发达国家占据了世界的七成外商直接投资流入额；2008年，美国房屋信贷危机引发世界范围内的金融危机，发达国家是这次金融危机最大的灾区：流入发达国家的外商直接投资大幅减少。金融危机过后，流入发达国家的外商直接投资虽有涨幅，始终呈现出疲软、乏力的状态。

2012年，欧元区主权债务危机、美国财政悬崖以及一些主要经济体政府的更迭以及对外来投资政策的调整使投资的不确定性大大增加，外来投资流入量始终低迷。

2015年，发达国家的外来投资重新恢复到一个小高峰，而这主要是因为跨国公司内部大范围的重组，内部重组的跨国并购交易带来了巨额的资金流动，使发达国家项目的外商直接投资净流入大大增加。

在2016年流入发达国家的外来直接投资小幅增长后，2017年全球外来直接投资净流入再次大幅减少。同一时期，各国纷纷出台限制外商投资的政策规定等一系列事件的累积,逆全球化思想的浪潮影响逐渐扩大,这些事件使2017年全球对外直接投资严重受挫。

2018年,全球外商直接投资继续大幅下滑,降至自2006年以来的最低点。在2017年末,美国国会通过了《2017减税及就业法案》(以下简称《法案》),该《法案》的推行大大减少了美国企业的税率,且取消了对跨国公司海外回流利润的征税,因此,由于该法案的实行,美跨国公司纷纷将在海外累积的收益大规模地汇回本国,因而直接导致了全球外来直接投资的下滑。此外,受逆全球化思潮的影响、欧洲右翼势力的凸显、中美贸易摩擦以及各国陆续收紧对外来投资的政策等一系列因素,全球外国直接投资形势依然呈现疲软的状态。2018年8月,特朗普政府签署了《外国投资风险审查现代化法案》,加大了外资流向美国国内的审核查定力度、限制范围;法国和德国将其外国投资审查制度的范围扩大到若干新的战略技术活动;匈牙利通过了一项新的法律,在国防、两用产品、密码术、公用事业、金融业、电子通信和公共通信系统等政治敏感活动中引入了与国家安全有关的外国投资审查机制;立陶宛修订了《对国家安全具有战略重要性的企业和设施法》,主要是为了保障军事装备、能源和信息技术等某些行业的国家安全;英国和美国扩大了其与国家安全有关的外国投资审查机制的适用条件或范围;欧盟于2019年4月建立了外国直接投资筛选框架等。这些限制政策、监管政策对核心技术、敏感商业资产、关键性基础设施等方面的影响尤为重大。2018年,约有55个经济体出台了110多项有关外国直接投资的政策与规定,37%的政策都对外来投资进行了不同程度的限制与监管。2018年,发达国家采取了21项有关收紧、限制投资的政策,而只有7项政策是保护、促进外来投资的措施。

尽管全球外商直接投资的形势较为紧张,但对大多数国家而言,吸引外资依然是促进社会发展、鼓励经济的一大重要措施,如图6-2所示。

(一)数据来源

本模型所用到的数据来源于世界银行数据库,共提取了1970~2020年的数据进行回归分析,如表6-1所示。

(二)数据处理

选择平均GDP增长率、人口增长率、教育支出总额、失业率、人口密度、人均GDP作为自变量,外商直接投资流入作为因变量构建模型。

第六章 外资企业吸收就业的国际比较

表6-1 各变量的平均值

年份	平均GDP增长率(%)	FDI(元)	教育公共开支总额占GDP(%)	GDP总额(元)	高等院校入学率(%)	货物、服务出口占GDP(%)	人均GDP(元)	专利申请量(件)	人口增长率(%)	人口密度(人/平方千米)	年通胀率(%)	失业率	人均国民总收入(元)
1970	5.34	—	3.95	2288249792946.41	11.36	31.06	2630.73	—	0.86	242.95	9.52	—	2608.18
1971	4.87	3549857779.9	4.41	2538173654204.14	14.24	30.48	2913.67	—	1.02	245.86	7.01	—	2869.09
1972	5.67	4128122243.1	4.56	2947102246665.22	15.47	29.98	3447.44	—	1.00	248.86	7.96	—	3274.82
1973	6.54	4660027772.7	4.50	3560543937386.73	16.23	32.24	4345.33	—	1.00	251.90	10.92	—	4118.89
1974	2.92	605442912	4.54	3980362596569.83	16.72	36.04	5055.42	—	1.03	254.78	15.27	—	5086.67
1975	0.47	857439494.9	4.77	4459156526360.74	18.87	34.03	5408.82	—	0.99	257.64	14.04	—	5882.96
1976	5.29	654649416.7	4.61	4832279734260.07	21.83	35.81	5812.74	—	0.81	260.11	12.15	—	6191.85
1977	4.42	582253000.5	4.67	5459477198094.60	21.92	38.35	6507.69	—	0.71	262.55	11.36	—	6445.71
1978	4.49	781704240.3	4.70	6570028050677.03	21.65	38.29	7707.62	—	0.71	265.01	11.93	—	7307.86
1979	5.51	962106215	4.61	7551141756779.74	21.94	40.02	9007.60	—	0.71	267.61	12.80	—	8873.57
1980	2.95	1283350930	4.94	8361043325022.75	21.90	41.48	10138.61	323477	0.73	270.30	17.00	—	10468.57
1981	1.84	1797768862	4.83	8459045305622.56	21.96	41.63	9652.44	153927	0.81	277.26	16.14	—	10705.71
1982	2.03	1803614771	4.97	8420675316265.33	22.39	40.22	9439.14	155715	0.83	284.43	14.80	—	10099.29
1983	2.64	1549738536	4.88	8753022750340.44	23.10	40.14	9306.27	381189	0.67	287.39	14.52	—	9358.21
1984	4.35	1350894004	4.76	9143089399453.57	23.68	41.96	9306.48	412059	0.58	290.64	20.29	—	9368.21
1985	3.41	1571117460	4.82	9630915677416.09	23.99	42.09	9600.72	429121	0.55	292.02	15.45	—	9553.93
1986	3.53	1172758918	4.68	11779805266338.10	26.94	39.10	12273.66	445221	0.54	293.02	7.16	—	10831.071

续表

年份	平均GDP增长率(%)	FDI(元)	教育公共开支总额占GDP(%)	GDP总额(元)	高等院校入学率(%)	货物、服务出口占GDP(%)	人均GDP(元)	专利申请量(件)	人口增长率(%)	人口密度(人/平方千米)	年通胀率(%)	失业率	人均国民总收入(元)
1987	4.23	2514624508	4.68	13655506175624.80	26.18	39.32	14827.87	470531	0.60	295.80	5.10	—	13375.36
1988	4.75	4484813843	4.53	15389012922951.60	28.62	39.56	16572.09	479679	0.63	300.13	5.50	—	16465.52
1989	4.37	5178890721	4.60	16062135125180.10	32.45	41.01	17024.40	493573	0.73	305.35	6.03	—	17637.24
1990	3.70	6429649854	4.58	18116978647968.10	33.84	41.06	18526.22	517693	0.89	312.50	5.58	—	18747.93
1991	1.18	7744260506	4.88	19134621696794.20	34.77	40.72	18981.83	522782	1.12	319.43	8.77	6.89	19587.59
1992	1.55	5105134931	4.94	20543783318122.20	36.92	40.90	20095.04	541453	1.06	326.16	10.50	7.65	20723.67
1993	1.74	4767352962	5.30	20675470486038.70	39.45	41.13	19047.57	552632	1.00	332.28	5.24	8.44	20739.33
1994	4.23	5157119984	5.18	22157370444013.50	42.25	42.45	20520.13	555276	0.97	339.46	4.29	8.46	21528.67
1995	4.23	5892072159	4.96	24599557652301.00	42.87	45.57	23757.96	612258	0.90	346.43	4.61	7.94	22047.81
1996	3.42	8344189869	5.17	24729628894939.90	45.77	45.31	24148.41	621816	0.87	355.23	2.90	7.83	23565.31
1997	3.78	9048161358	5.86	24242496715903.90	44.72	46.36	23297.43	639847	0.79	362.88	4.94	7.60	24058.44
1998	3.26	11276111159	5.21	24377277124523.70	47.39	46.84	23341.65	651032	0.74	370.67	2.46	7.39	23229.06
1999	4.26	19794330825	5.21	25632737885611.00	48.83	47.47	24014.10	684137	0.69	373.53	2.12	7.14	23366.56
2000	4.79	32639679864	4.92	26085821537850.90	50.03	51.95	23449.84	748031	0.77	370.91	3.03	6.52	23820.00
2001	2.13	43008684012	5.17	25833978837142.50	51.62	51.09	23167.34	748136	0.82	377.50	3.06	6.12	23341.88
2002	2.30	22123381145	5.35	26920079817190.60	54.79	49.97	24904.95	736866	0.81	379.31	2.37	6.49	23144.06
2003	2.01	18144514583	5.51	30184694721154.50	57.44	49.35	29455.45	748114	0.72	374.56	2.09	6.88	25631.88

第六章 外资企业吸收就业的国际比较

续表

年份	平均GDP增长率(%)	FDI(元)	教育公共开支总额占GDP(%)	GDP总额(元)	高等院校入学率(%)	货物、服务、出口占GDP(%)	人均GDP(元)	专利申请量(件)	人口增长率(%)	人口密度(人/平方千米)	年通胀率(%)	失业率	人均国民总收入(元)
2004	3.70	16178799302	5.37	3351869719 0128.40	61.59	51.72	33606.43	775425	0.80	377.72	2.31	6.96	30666.88
2005	3.46	22209161772	5.29	3526570961 0623.40	63.24	53.47	35812.87	808585	0.85	383.46	2.34	6.73	34918.13
2006	4.04	36499018172	5.17	3708616567 7998.30	61.78	56.28	38062.27	804865	0.93	389.31	2.65	6.17	37117.50
2007	4.48	50603967166	5.08	4042052869 8744.00	64.89	57.04	43408.09	823388	0.97	398.58	2.72	5.59	39830.94
2008	1.00	72127412984	5.15	4265657345 2881.20	63.27	59.17	46298.58	808616	1.04	409.61	3.03	5.56	41980.94
2009	-3.36	48271880604	5.62	4024553551 0603.00	66.91	53.36	41493.20	765144	0.88	417.58	1.27	7.61	40952.50
2010	3.06	25276034807	5.62	4200345290 4318.70	66.98	57.17	43147.84	780538	0.72	422.03	1.24	7.99	41870.63
2011	1.86	33747461047	5.58	4511774758 6281.40	70.58	60.23	47392.07	789140	0.66	427.22	1.70	7.87	42737.81
2012	0.60	42990547303	5.47	4507797066 539.00	68.75	61.32	45828.42	818416	0.71	433.61	1.54	8.28	43867.19
2013	1.03	35805562951	5.68	4553998480 6773.70	70.09	61.37	47230.84	834538	0.72	438.66	1.35	8.63	45202.81
2014	2.33	36693878336	5.62	4654967672 7342.40	70.50	61.95	47902.55	829455	0.77	443.00	1.20	8.20	45380.00
2015	3.40	30773716649	5.55	4441723037 7268.50	70.97	62.17	43008.31	819309	0.80	447.99	1.51	7.67	43754.06
2016	2.65	52469772312	5.45	4516914142 8110.10	72.07	60.72	43609.69	832781	0.83	453.22	0.74	7.12	42231.88
2017	3.31	55699194125	5.36	4712532694 6477.30	73.13	62.22	46159.21	824769	0.81	455.68	1.52	6.31	41949.38
2018	2.84	44665190277	—	4991064085 0701.90	74.23	62.80	49164.89	810714	0.79	459.44	1.75	5.64	45629.68
2019	2.02	15594452449	—	5039934295 7127.70	—	65.04	48172.15	—	0.83	—	1.78	5.28	47323.55
2020	—	26173921941	—	—	—	—	—	—	0.87	—	—	5.29	—

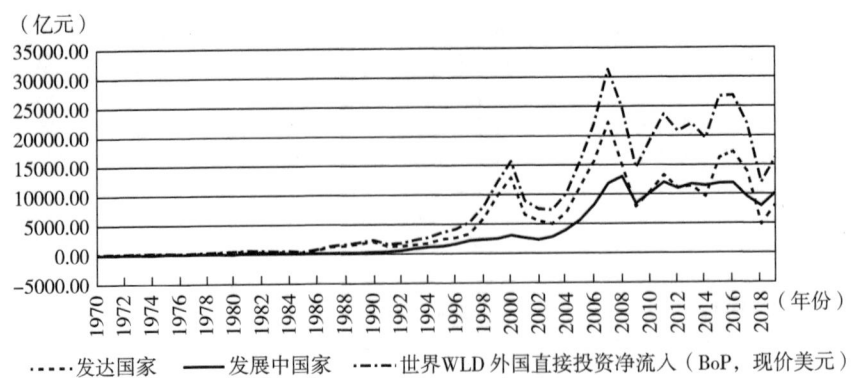

图6-2 世界、发达国家、发展中国家 FDI 净流入

选择回归项下线性选项,选择逐步回归法,开始运行。通过逐步回归,去除了 GDP 增长率、人口增长率、人均 GDP 三个变量,保留教育支出总额、人口密度、失业率作为自变量,外商直接投资作为因变量。根据模型摘要,模型调整前 R^2 为 0.862,调整后 R^2 为 0.843,方程对样本的拟合优度高,具有统计学意义;Durbin-Watson 检验值为 1.975,该模型数据满足残差不存在自相关,即变量的观测值之间相互独立,模型建构良好,如表 6-2、表 6-3 所示。

表6-2 模型摘要

模型	R	R^2	调整后 R^2	标准估算的错误	更改统计					德宾-沃森
					R^2 变化量	F 变化量	自由度 1	自由度 2	显著性 F 变化量	
1	0.759[a]	0.576	0.558	12200593149.05	0.576	32.598	1	24	0.000	—
2	0.865[b]	0.748	0.726	9608572295.85	0.172	15.695	1	23	0.001	—
3	0.896[c]	0.803	0.777	8675528707.05	0.056	6.213	1	22	0.021	—
4	0.893[d]	0.797	0.780	8615013354.48	-0.006	0.680	1	22	0.418	—
5	0.928[e]	0.862	0.843	7273654595.89	0.064	10.265	1	22	0.004	1.975

注:a 预测变量:(常量)人均 GDP;b 预测变量:(常量)人均 GDP,失业率;c 预测变量:(常量)人均 GDP,失业率,人口密度;d 预测变量:(常量)失业率,人口密度;e 预测变量:(常量)失业率,人口密度,教育公共开支总额。

表6-3 ANOVA[a]

模型		平方和	自由度	均方	F	显著性
1	回归	485233063439914000000	1	485233063439914000000	32.598	0.000[b]
	残差	357250735652566000000	24	14885447318856900000	—	—
	总计	842483799092479000000	25	—	—	—
2	回归	630137077494014000000	2	315068538747007000000	34.126	0.000[c]
	残差	212346721598465000000	23	9232466156455000000	—	—
	总计	842483799092479000000	25	—	—	—
3	回归	676901242729434000000	3	225633747576478000000	29.979	0.000[d]
	残差	165582556363046000000	22	7526479834683890000	—	—
	总计	842483799092479000000	25	—	—	—
4	回归	671781352367551000000	2	335890676183776000000	45.257	0.000[e]
	残差	170702446724928000000	23	7421845509779470000	—	—
	总计	842483799092479000000	25	—	—	—
5	回归	726090486495882000000	3	242030162165294000000	45.747	0.000[f]
	残差	116393312596598000000	22	5290605118027170000	—	—
	总计	842483799092479000000	25	—	—	—

注：a 因变量：FDI；b 预测变量：（常量）人均 GDP；c 预测变量：（常量）人均 GDP，失业率；d 预测变量：（常量）人均 GDP，失业率，人口密度；e 预测变量：（常量）失业率，人口密度；f 预测变量：（常量）失业率，人口密度，教育公共开支总额。

根据 ANOVA 表格，该回归模型结果显示，最终回归模型 F = 45.747，其 P 值 < 0.001，该回归模型对外商直接投资流入量有统计学意义且有较好的解释程度。

本次模型的回归方程可以表示为：

$$Y = c + \beta_1 X_1 + \beta_2 X_2 + \beta_3 X_3 \tag{6-1}$$

即 $Y = 4.16 \times 10^{10} - 8.9 \times 10^9 X_1 + 4.5 \times 10^8 X_2 - 2.34 \times 10^{10} X_3$ (6-2)

其中，β_1、β_2、β_3 的 t 检验所得 P 值均小于 0.05，即失业率、人口密度、教育公共开支对外商直接投资流入有显著影响。共线性指标 VIF 值均小于 5，不存在共线性问题。

根据正态分布图和正态 P-P 图，残差基本满足正态分布。标准化残差服从均值约为 0，方差为 1 的正态分布；根据回归标准化残差散点图，回归标准化残差随机分布在0水平线的附近,满足齐方差性,模型参数估计量有较好的统计性质,如图6-3至图6-5所示。

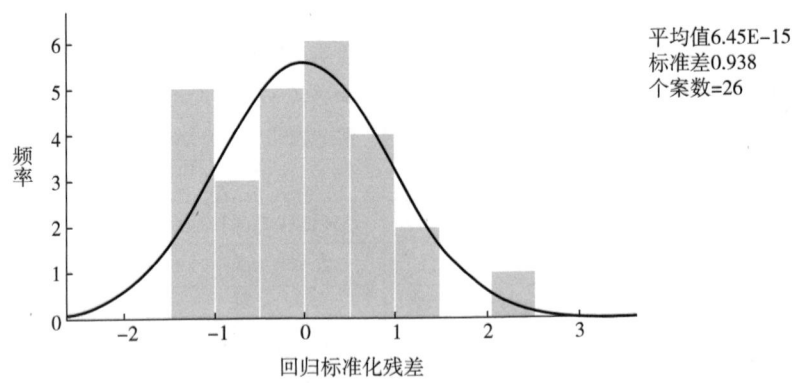

图6-3 直方示意

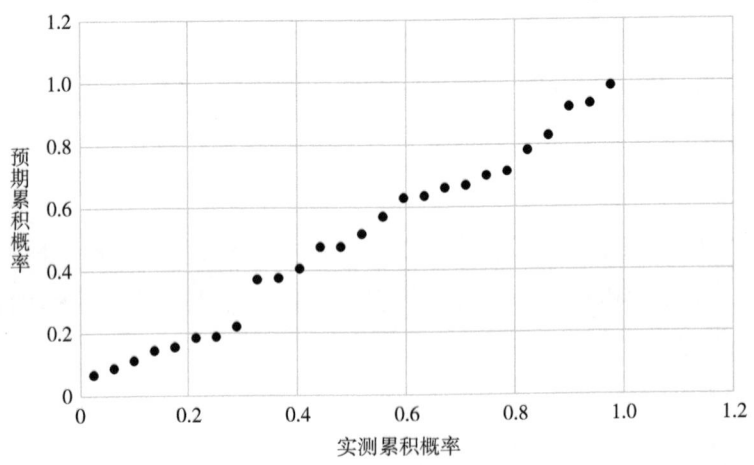

图6-4 回归标准化残差的正态P-P

(三) 回归结果分析

发达经济体经济发展水平高,基础设施完善,人力资本发达,在很长一段时间内都吸收了大部分的外来投资。外来直接投资对本国经济的增长也起到了较大的作用。近年来,发达国家所吸收的外资是占比逐渐减少,且波动较大,受到国

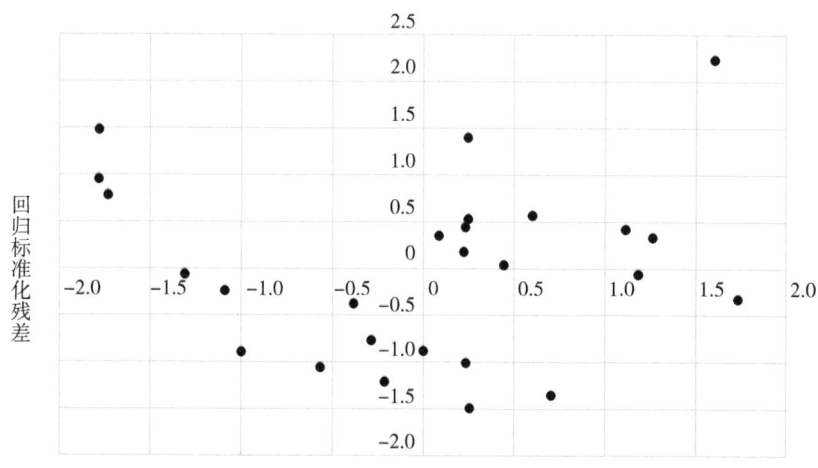

图 6-5　回归标准化预测值

际形势、政策制度等影响，流入发达国家的外来投资势态并不稳定。

失业率是失业人口与全部劳动力的比率，用来衡量闲置的劳动产能；人均国民收入是反映一国人民生活水平和社会发展水平的综合性指标；GDP 增长率是测度宏观经济的重要指标，能够反映国家、地区的经济规模增速；教育支出总额表示经济体对公共教育的支出水平，能够反映国家对教育的重视程度和资源投入；人口增长率能够反映一段时期内人口增长速率的变化，发达国家的生育率和人口增长率低于发展中国家，劳动力数量有很大的不足；人口密度反映了国家、地区人口的疏密程度，适当的人口密度能够较好地保证人们的生活居住条件。上述变量均能够对一国或经济体的吸引外资方面起到影响。

根据模型，发达国家外来直接投资和失业率呈负相关的关系，即失业率越低，对外来直接投资吸收效果越好。发达国家由于自身人口基数小，老龄化严重，劳动力数量少，但教育普及面广，劳动力素质高。高素质高水平的劳动力占比越多，对吸引外来直接投资方面有积极影响。

外来直接投资和人口密度呈正相关，人口密度是单位土地面积上的人口数量。由于发达国家生育率低，人口基数小，人口密度高，在一定程度上可以认为劳动力资源较为丰富。因此，对发达国家来说，高人口密度对吸引外来直接投资有促进作用。

外来直接投资与公共教育投资呈负相关的关系。发达国家的经济、教育、基础设施等一系列建设已达高水平，公共教育体制在早些年间便已经基本完善，政府对于公共教育的支出也早已经达到高水平。在教育上的公共开支越少，意味着该经济体的教育投资已达饱和，更多比例的投资将会分配到科技、创新等领域，因而所吸收的外来直接投资也会更多。

三、发展中国家外商直接投资影响因素分析

自2008年国际金融危机以来，全球外商直接投资增长势态疲软、增长乏力。2007年，发达国家仍获得2/3以上的外来投资，在2008年国际金融危机之下，发达国家的外商直接投资流入量、流出量都大幅度减少，而发展中国家和转型经济体逐渐成为了外来投资目的地中亮眼的存在。2009年，发展中经济体和转型经济体吸收了将近半数的外来投资，在发达国家吸收外资能力不足的情况下，发展中经济体与转型经济体逐渐引领了全球市场下外商直接投资的复苏，在2009年，这些经济体取得了超过世界半数的外商直接投资量，创下历史新高；2012年，虽然由于东方政治经济的不稳定性造成全球外商直接投资水平的降低，但发展中经济体和转型经济体在吸收外来投资方面韧性不减，2012年，发展中国家所吸收的外来投资数量虽然有小幅的下降，但流入发展中经济体的外来投资量超过了流入发达经济体的外来投资量，且外来投资流入量是历史第二高的水平；2014年，在全球外来投资量继续缩水，下降了16%的情况下，发达经济体的外来投资减少了28%，但流入发展中经济体的投资不减反而增加了2%，在全球外来投资流入中所占的比重超过了50%。根据外来投资流入量的国家和地区进行排名，2014年流入量排名前十的国家和地区中，发展中经济体占了半数，如巴西、印度、中国等；2015年，由于跨国公司内部大范围的重组，内部重组的跨国并购交易带来了巨额的资金流动，使发达国家项目下2015年的外商直接投资净流入大大增加，但发展中经济体吸收外资势头不减，在全球外来投资流入量的国家地区排名中，发展中经济体依然占据了半壁江山。

从政策方面来看，发展中经济体新定或修正的政策大多有利于外来投资的流入。近些年，巴西施行了一系列的开放性政策，通过修订宪法，逐步松弛了国家

对石油、天然气等自然开采领域的垄断,对电信、电力行业实行私营化,虽然巴西政府逐渐开放了较多的领域,但对外来投资也存有一定的规则和限制,根据规定,外企通过私有化的方式进入巴西市场后,若中途撤资需要经过最少6年的经营;中国新出台了《外商投资法》,通过法律的形式进一步保护并促进外商直接投资,提高监管的透明度;沙特阿拉伯将外国投资者的投资许可期限从之前的一年延长至5年;坦桑尼亚新建了在线系统,大大简化了投资所需要的登记流程;印度尼西亚降低了外来投资者的最低股本要求,并取消了涉及外商投资者的若干商业交易审批手续。此外,还有多国为了促进投资增加了财政激励制度,如中国扩大了海外投资者的所得税优惠,厄瓜多尔修订了投资法,设立了促进外来投资的奖励政策,并为有关的合同争议提供了新的仲裁途径。

在全球经济、政治变动影响剧烈的情况下,发展中经济体吸收外资的韧性十足,潜力无穷,态势稳定,未来仍有良好的发展空间与前景。

世界各国全球化的程度逐渐加深,跨国公司通过绿地投资或并购的方式在海外开辟市场或生产产品。对于发展中国家来说,吸引外来投资能够促进本国 GDP 增长,促进本国的就业,改善人们的生活水平。

(一)数据来源

本章模型所用到的数据全部来源于世界银行数据库,共提取了1970~2020年的数据进行分析,如表6-4所示。

表6-4 变量平均值

年份	外商直接投资净流入(元)	平均 GDP 增长率(%)	高等院校入学率(%)	专利申请量(件)	按 GDP 平减指数年通货膨胀率(%)	人口密度(人/平方千米)	人均国民收入(元)	平均失业率(%)
1970	8750915976	7.59	5.09	—	4.51	252.93	475.39	—
1971	8760460287	5.40	5.54	—	5.51	256.41	511.05	—
1972	6531721678	5.61	5.15	—	8.34	259.32	631.48	—
1973	11860843119	4.49	5.00	—	20.82	262.09	745.49	—
1974	10232501223	6.29	5.28	—	32.78	264.76	958.78	—
1975	18898669045	3.69	6.07	—	18.80	267.26	1158.89	—

续表

年份	外商直接投资净流入（元）	平均GDP增长率（%）	高等院校入学率（%）	专利申请量（件）	按GDP平减指数年通货膨胀率（%）	人口密度（人/平方千米）	人均国民收入（元）	平均失业率（%）
1976	12965216527	6.27	7.05	—	17.74	269.33	1294.63	—
1977	14603095330	4.74	6.08	—	15.46	271.56	1366.83	—
1978	19524666769	4.87	6.37	—	12.90	273.94	1491.05	—
1979	20713038334	3.96	7.35	—	18.30	277.88	1729.11	—
1980	18930051771	3.11	8.24	24916	21.42	282.25	2054.35	—
1981	43496429249	3.60	10.63	23643	15.10	287.12	2203.44	—
1982	42068275391	1.52	10.08	23756	14.68	292.89	2075.29	—
1983	30887362981	1.33	10.21	25954	18.46	298.99	1894.76	—
1984	31145127102	3.04	9.59	27795	32.19	305.24	1882.22	—
1985	30995959344	2.94	10.20	26836	120.82	311.63	1873.85	—
1986	27526136252	3.76	11.83	27228	19.28	318.11	2039.64	—
1987	33959810159	3.73	9.82	30268	24.12	324.65	2320.27	—
1988	51779250198	4.63	12.93	30632	131.43	330.97	2713.86	—
1989	55756752515	2.77	12.58	29953	101.92	337.14	2824.62	—
1990	57602901107	3.40	12.98	23711	135.71	341.25	2879.50	—
1991	78886562378	1.60	14.47	23844	82.69	341.90	3015.59	7.47
1992	111432650886	1.55	13.55	65340	157.82	347.91	3117.80	7.66
1993	157511460754	2.07	13.11	71837	243.02	352.95	3145.86	8.18
1994	213020918657	1.82	14.24	57397	358.80	358.18	3230.07	8.40
1995	237443996143	3.97	14.48	52031	57.26	359.98	3528.79	8.61
1996	310925435033	5.09	15.69	52854	57.39	366.20	3456.60	8.81
1997	430874087033	5.26	17.42	51024	18.41	371.45	3610.68	8.71
1998	446730168283	3.74	19.30	54272	9.11	379.72	3531.69	8.79
1999	488330141704	3.07	17.97	60067	18.48	385.18	3515.27	9.02
2000	523048116899	3.99	20.44	75104	31.89	390.93	4061.06	8.96
2001	495994798550	3.72	21.54	84135	8.78	369.55	3864.53	9.03
2002	434585876064	3.35	22.30	88511	8.41	371.78	3948.86	9.20
2003	486380093238	4.19	23.17	108266	7.14	377.34	4243.02	9.08
2004	672016487778	6.20	24.20	120179	8.44	379.93	4905.44	8.80

续表

年份	外商直接投资净流入（元）	平均GDP增长率（%）	高等院校入学率（%）	专利申请量（件）	按GDP平减指数年通货膨胀率（%）	人口密度（人/平方千米）	人均国民收入（元）	平均失业率（%）
2005	889095059829	5.30	24.97	156909	9.07	385.63	5564.31	8.53
2006	1218936007006	6.03	26.65	192991	10.04	389.43	6367.47	8.05
2007	1755316627278	5.85	29.05	231347	7.59	393.10	7661.60	7.62
2008	1950016674870	4.29	29.98	271597	11.40	398.61	8029.88	7.41
2009	1311429054236	0.55	30.65	310232	3.23	403.11	7881.06	8.10
2010	1773253001837	4.40	30.25	380361	7.45	408.11	7833.54	8.29
2011	2145271345134	3.85	30.67	502410	8.92	413.00	8105.56	8.22
2012	2002300585625	3.95	31.99	622661	6.32	421.38	8674.63	8.16
2013	2133435707864	3.68	34.50	790583	4.28	426.33	9352.68	8.14
2014	1914484382380	3.42	35.52	883584	3.67	432.61	9507.58	7.99
2015	1902709560743	2.52	35.07	1044877	2.44	438.26	9072.67	7.95
2016	1769054166155	3.16	40.01	1295902	3.39	443.97	8801.65	7.87
2017	1583251711133	3.16	39.94	1338128	5.41	449.25	8786.07	7.64
2018	1528615615356	3.06	41.25	1484133	5.40	344.91	8954.04	7.42
2019	1580793069841	2.80	34.86	—	4.01	328.45	8077.80	7.46
2020	—	—	—	—	—	—	—	7.48

（二）数据处理

选择发展中国家的外来直接投资水平作为因变量，失业率、人口密度、人均国民收入、高等院校入学率、平均GDP增长率以及按GDP平减指数算的年通货膨胀率作为自变量构建模型。

根据因变量外来直接投资和自变量勾画散点图，得到因变量与人均国民收入、专利申请量、人口增长率、失业率呈线性关系。

选择回归项下线性选项，选择逐步回归法，开始运行。通过逐步回归，去除了人口增长率、失业率作为自变量，保留下专利申请和人均国民收入作为自变量。根据模型摘要，模型调整前 R^2 为0.967，调整后 R^2 为0.964，方程对样本的拟合优度高，具有统计学意义；Durbin-Watson 检验值为1.813，该模型数据满足残差不存在自相关,即变量的观测值之间相互独立,模型建构良好。

表6-5 逐步回归

模型		输入 Beta	t	显著性	偏相关	共线性统计		最小容差
						容差	VIF	
1	失业	0.055[b]	1.163	0.255	0.218	0.872	1.147	0.872
	专利申请量	-0.259[b]	-4.149	0.000	-0.624	0.317	3.151	0.317
	人口增长率	0.029[b]	0.447	0.658	0.086	0.469	2.130	0.469
2	失业	0.025[c]	0.635	0.531	0.124	0.838	1.194	0.305
	人口增长率	-0.061[c]	-1.106	0.279	-0.212	0.401	2.496	0.271

注:a 因变量:外商直接投资净流入;b 模型中的预测变量:(常量)人均国民收入;c 模型中的预测变量:(常量)人均国民收入,专利申请量。

表6-6 模型摘要

模型	R	R^2	调整后R^2	标准估算的错误(单位:10^{12})	更改统计					德宾-沃森
					R^2变化量	F变化量	自由度1	自由度2	显著性F变化量	
1	0.972[a]	0.945	0.943	0.179	0.945	485.205	1	28	0.000	
2	0.983[b]	0.967	0.964	0.143	0.021	17.213	1	27	0.000	1.813

注:a 预测变量:(常量)人均国民收入;b 预测变量:(常量)人均国民收入,专利申请量;c 因变量:外商直接投资净流入。

表6-7 方差分析[a]

模型		平方和(单位:10^{24})	自由度	均方(单位:10^{24})	F	显著性
1	回归	15.62	1	15.63	485.205	0.000[b]
	残差	0.9019	28	0.0322	—	—
	总计	16.53	29	—	—	—
2	回归	15.98	2	7.990	391.683	0.000[c]
	残差	0.5508	27	0.0204	—	—
	总计	16.53	29	—	—	—

注:a 因变量:外商直接投资净流入;b 预测变量:(常量)人均国民收入;c 预测变量:(常量)人均国民收入,专利申请量。

根据 ANOVA 表格,该回归模型结果显示,最终回归模型 F = 397.683,其 P 值 < 0.001,该回归模型对外商直接投资流入量有统计学意义且有较好的解释程度。

表 6-8 修正后的回归模型

模型		未标准化系数		标准化系数	T 值	显著性	相关性			共线性统计	
		β(单位:10^{11})	标准错误(单位:10^{10})	β			零阶相关	偏相关	部分相关	容差	VIF 值
1	常量	-7.112	8.303	—	-8.566	0.0	—	—	—	—	—
	人均国民收入	0.003	0.001	0.972	22.027	0.0	0.972	0.972	0.972	1.000	1.000
2	常量	-9.250	8.380	—	-11.039	0.0	—	—	—	—	—
	人均国民收入	0.004	0.002	1.18	19.021	0.0	0.972	0.965	0.668	0.317	3.151
	专利申请量	-0.000004	0.00001	-0.25	-4.149	0.0	0.721	-0.624	-0.146	0.317	3.151

根据系数表格可知,本次模型的回归方程可以表示为:
$$Y = c + \beta_1 X_1 + \beta_2 X_2 \quad (6-3)$$
即 $Y = -9.25 \times 10^{10} + 3.59 \times 10^8 X_1 - 4.43532 \times 10^8 X_2 \quad (6-4)$

其中,β_1、β_2 的 t 检验所得 P 值均小于 0.001,即人均国民收入、专利申请量对外商直接投资流入有显著影响。共线性指标 VIF 值均小于 5,不存在共线性问题。

表 6-9 离群值

序号	标准残差	外商直接投资净流入(单位:10^{12})	预测值(单位:10^{12})	残差(单位:10^{12})
40	-3.167	1.311	1.764	-0.452

根据个案诊断,第 40 个案例残差超过正常范围,属于离群值,故在本模型构建中,剔除该案例数据。

根据正态分布图和正态P-P图，残差基本满足正态分布。标准化残差服从均值为0，方差为1的正态分布；根据回归标准化残差散点图，回归标准化残差随机分布在0水平线的附近，满足齐方差性，模型参数估计量有较好的统计性质，如图6-6至图6-8所示。

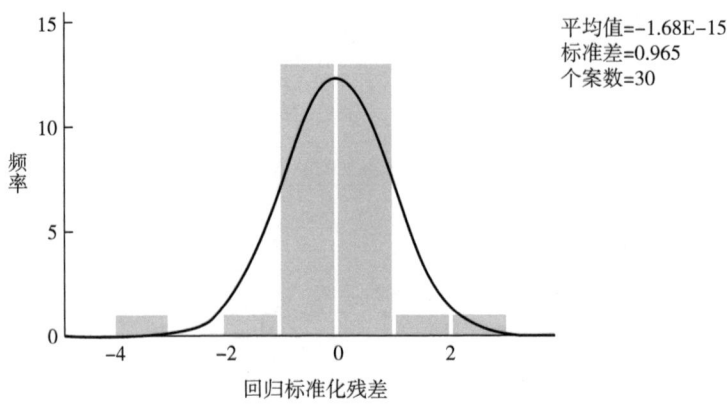

图6-6 直方示意

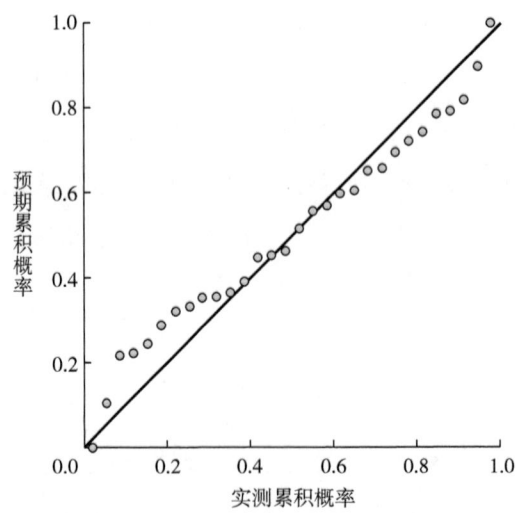

图6-7 概率示意

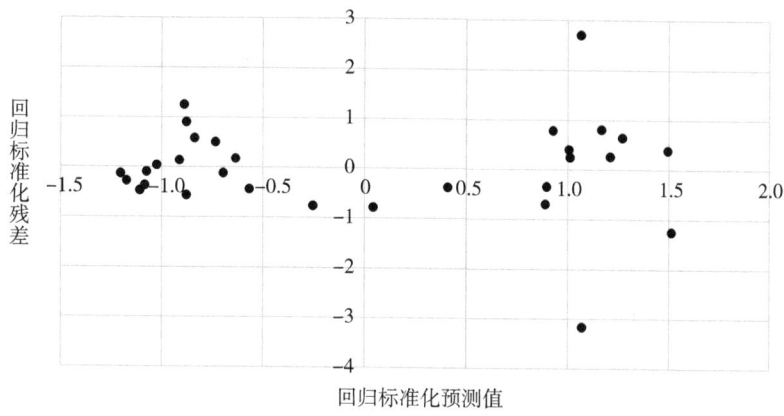

图 6-8 预测值

(三) 回归结果分析

当前,外来直接投资流入是发展中国家经济发展的一大重要来源,外来投资能够促进当地经济发展,促进当地劳动力进行就业,引进外来资金、技术、管理模式,帮助本土产业升级。

失业率是失业人口在全部劳动力下的比率,用来衡量闲置的劳动产能;人均国民收入是反映一国人民生活水平和社会发展水平的综合性指标;高等院校入学率能够在一定程度上反映高学历人才的比重;GDP 增长率是测度宏观经济的重要指标,能够反映国家、地区的经济规模增速;专利申请量可以从侧面反映经济体在创新性方面的成果;按 GDP 平减指数所得的年通货膨胀率能够显示经济体的价格变动。上述变量均能够对一国或经济体的吸引外资方面起到影响。

根据模型,发展中国家的外来直接投资和人均国民收入呈正相关,和专利申请量呈负相关。

人均国民收入作为评价经济体的综合性指标,人均国民收入越高,即综合经济实力强劲,几十年来,从矿物、石油等自然资源开采的第一产业到工业、制造业、服务业,发展中国家以资源禀赋丰富、基础设施、劳动力成本低廉吸引了大批的外来投资。2018 年,埃及在海上天然气的重大发现,促进了外来投资大量地涌入石油、天然气方面,非洲大陆广袤的土地吸引了石油勘探和生产的投资流入;在亚洲,流入制造业、服务业、通信业的投资表现强劲;中国得益于稳定的经济表现和多元化的经济，吸引了金融、可再生能源、汽车领域的外来投资。人均国民收入越高，东道国的经济越稳定，且有长期的发展空间，是吸引外来投资的有力表现。

专利的申请量在一定程度上可以反映创新型成果，且在一定程度上反映社会的创新活力。但是，对于发展中国家而言，其科技研发的力度和发达国家相比仍有一定的差距。发达国家集中资源进行科技研发创新，而对于产品的生产、制造等则通过跨国公司、绿地投资等形式实现全球化。专利申请量高意味着社会的创新活力越好，对于外来投资而言，意味着东道国的该行业下竞争形势更严峻，且考虑到国家对于本土创新性、新型产品、企业的保护作用和机制，因此，专利申请量越高，反而对吸引外来投资有一定的抑制效果。

该模型选用了50年发展中国家的平均数据进行回归分析，考虑到国际形势的变动、经济政策改革等各种扰动性因素，模型结果与实际有一定程度上的出入。

第二节 人口与就业

一、全球人口与就业概述

2019年，全球人口总量为77亿，世界人口增长率在1965～1970年达到顶峰，平均增长率为2.1%，自此之后，全球人口增速逐渐放缓，到2015年后，人口增长率减少到1.1%以下，据估计，到2030年，全球人口将增加至85亿，到2100年，全球人口数量将达到109亿。人口数量的增多并不意味着劳动力的增加，事实上，人口结构老龄化是当前不可忽视的一项重大问题。2018年，65岁以上的老龄人口数量超过了5岁以下的新生儿及幼龄儿童数量，根据目前的生育率、死亡率等进行预测，到2050年，全球65岁以上的人口数量将超过24岁以下的青少年人口。人口结构老龄化是当前、未来的劳动力市场不得不思考和解决的问题。

当今世界的社会结构正在向老龄化结构迈进。当今适龄人口生育意愿正在逐渐下降，各国生育率普遍降低，多国政府纷纷出台鼓励生育的政策，而随着生活水平、医疗科技水平的提高，死亡率也在普遍降低，因而老龄人口在人口结构中的比例越来越重，新生儿的数量不足以维持正常的自然人口的更替，人口金字塔呈现"倒三角"的形状。作为主要的生产要素之一，随着人口结构的失衡劳动力的数量逐渐减少，继而会影响相应的劳动力创造以及劳动密集型产业，甚至影响一国未来的经济发展形势。

为了促进劳动力的增长，多国纷纷出台政策。作为世界上老龄化结构最为突出的国家，日本在2018年65岁及以上的老龄人口占据了全国的27%，同时，日本也是人口寿命最长的国家，其寿命预期为84岁，然而，在如此严峻的老龄化形势下，日本0~4岁的新生儿数量比例不足4%，这意味着未来会出现大量的职位空缺。为了缓解劳动力短缺的困境，日本政府修订了相关法律法案，将企业员工退休年龄延长至70岁；此外，日本政府也放宽了海外人员在日务工的限制，在农业、建筑业、酒店业等设立了新的劳动签证，并计划在2025年之前吸收约50万人的外来劳动力。欧洲和北美的老龄人口数量占比18%，澳大利亚和新西兰占16%。

人口的持续增长以及人口结构的老龄化对世界的可持续发展提出了严峻的挑战。2018年，全球劳动力约为57亿人，其中，失业人数约为1.72亿人，失业率为5%。尽管全世界失业率仅用了一年的时间便从2008年的5%跃升至2009年的5.6%，但重新降低到5%的失业率水平却足足花费了九年的时间。

整体来看，全球失业率水平总体呈下行的趋势，但各个收入水平下的国家失业率有较大的差异。数据显示，低收入和中低收入国家的失业率保持在一个较低的水平，中高收入和高收入水平的国家失业率则相对较高，如图6-9所示。

2018年，全球劳动参与率为61.4%，劳动力增长放缓，就业增长也在放缓。全球劳动年龄人口的平均年增长率已从1990~1995年的1.9%降至2013~2018年的1.3%；预计到2030年，这一比例将进一步下降至1.1%。同期，就业增长率也有所下降，从20世纪90年代的平均1.5%降至2018年的不足1%。在20世纪90年代，就业增长往往滞后于劳动力增长，而在2004~2007年，就业增长平均每年超过劳动力增长0.25个百分点，从而大大降低了失业率。自2010年以

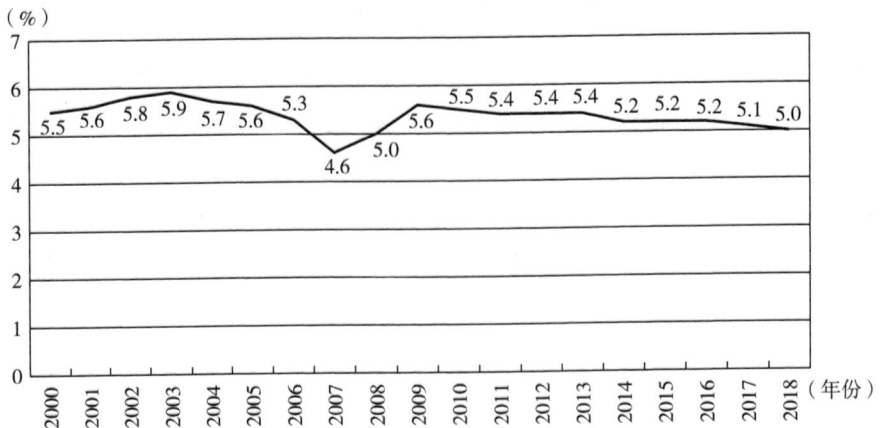

图 6-9 全球失业率

来，就业和劳动力增长率一直非常接近，多数时候前者略高于后者。在 2018~2020 年，预计这两个比率将会相似，因此全球失业率将保持基本不变。

在所有收入群体中，农业在总就业中所占的份额正在缩小，1991 年农业所吸收的就业占比为 44%，而到 2018 年则下降到 28%，其中，中等收入国家对这一比例下降的影响最大，中低收入国家的农业就业占比从 1991 年的 57% 下降到 2018 年的 40%，而中高收入国家则从 49% 下降到 22%。而在低收入国家，2018 年依然有 63% 的就业人口为农业所吸收，和 1991 年的 71% 相比下降了 8%。在世界范围内，制造业所占据的份额正在下降，这一趋势主要是由高收入国家推动的，随着发达国家逐渐步入了后工业化时代，服务业的蓬勃发展，科学技术的不断更新，高度自动化、机械化的大机器逐步替代了密集劳动力的需求，转而向服务贸易释放出了更多的劳动力。2018 年，全球服务业就业人数已经占到总就业人数的近一半，随着越来越多的发展中国家产业升级，结构转型，这一比例还将继续上升。

服务业是就业增长的主要驱动力。农业所占的就业份额正在逐渐减小，农业在总就业所占的比例份额从 1991 年的 44% 减少至 2018 年的 28%，中等收入国家对这一比例下降的贡献最大。在低收入国家，2018 年，仍有 63% 的劳动者受雇于农业部门，比 1991 年仅下降了 8 个百分点。在全球范围内，制造业所占的份额正在下降。可以观察到扩张的行业有建筑业、非市场服务业以及最重要的市场服务业。在全球层面，2018年服务业就业人数已经占到总就业人数的近一半，预计这一比例还将继续上升。

二、发达国家人口与就业

(一) 概述

发达经济体的就业分布随着经济时期的不同各有侧重。根据佩蒂·克拉克定理，随着经济的发展和人均国民收入水平的提高，劳动力首先由第一产业向第二产业转移，当经济发展到一定程度时，劳动力便向第三产业转移。

在工业经济时期，随着工业所占国家产业比重的逐渐扩大，国家的经济增长速率较快，因而工业所占的劳动力人数比例较多，而到了后工业阶段，经济发展已经步入发达，经济增长速度逐渐放缓，工业所占的产业比重逐渐减少，服务业所占比重渐渐增加。发达经济体的工业经过了一定时间的发展，工业生产达到了较好的水平，产业劳动生产率已经达到一定的高度，同时，跨国公司数量的增多、高度自动化的生产等都减少了工业所需要的劳动力，从而工业所吸收的劳动力比例也相应减少。第三产业的高度发达对劳动力有更多的需求，因此，第三产业所吸收的劳动力比例也渐渐增加。此外，发达经济体的教育覆盖率广，劳动力中高学历、高教育的比重扩大，因而知识密集型、技术密集型产业所吸收的高素质劳动力增多。

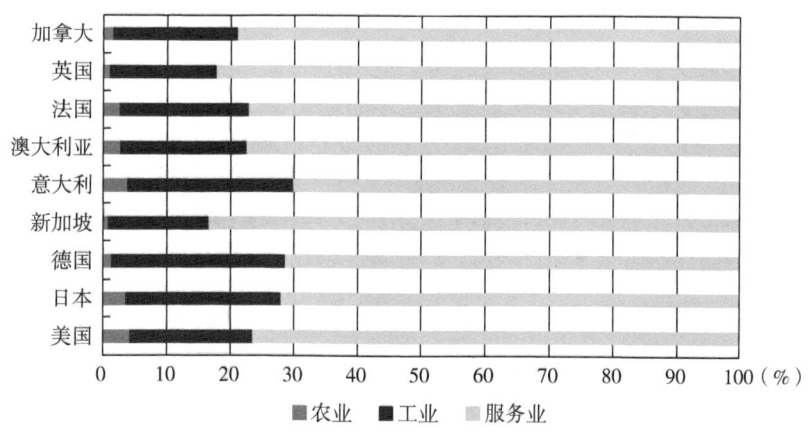

图6-10 发达国家就业结构

（二）发达经济体的就业影响因素

根据数据显示，发达经济体和发展中经济体进行同期比较，发达经济体的失业率高于发展中经济体。经济发展、人口结构、地域文化、国家的制度体系都会对就业造成一定的影响。

1. 制度、政策影响

2018年，日本失业率仅为2.4%，是1992年以来的最低水平。经济的温和上行，使企业对员工的需求旺盛。由于日本人口结构老龄化严重，自身劳动力数量不足，因而，日本出台政策推迟了员工的退休时间。此外，为了稳定就业，减少摩擦性失业，有相当数量的终身雇佣制职位。相比之下，欧洲各国的失业率较高，由于欧洲的福利保障水平高，使得失业人员求职的意愿下降，对就业的预期增加，削弱了员工的个人能力提升意识，从而导致长期失业人员较多，结构性失业增加。此外，欧洲国家的高税收、高薪酬也使企业的用工成本增加，抑制了企业对劳动力的需求。

2. 资源禀赋作用

大部分发达国家都已经进入了后工业经济时代，农业、工业的机械化、自动化、现代化水平非常高。大多数劳动力不再从事农业或制造业，转而投向了服务业。作为农业资源丰富的国家，美国、加拿大的主要劳动力却分布于服务业和工业，虽然农业资源禀赋丰富，但是大规模的农场和小数量的劳动力却不是好的搭配组合。传统农业到现代农业逐渐转变，高度机械化的大型农机的应用满足了家庭和农场的需求；在科技创新推动下，优良杂交品种、化肥农药改良剂也纷纷纳入市场；计算机技术和生物技术的应用，使美国的农业生产对劳动力的需求大大降低。而对于日本、韩国、以色列等农业资源较为贫乏的国家，更多是采用节约资源、技术密集型的农业模式。这些国家土地面积小，可耕种的土地更是匮乏。因而，往往采用科学技术手段，提高创新水平和有限资源的使用效率，最大限度地实现农业资源所带来的产出，达到农业的机械化、自动化、现代化。日本通过大量地转移农业劳动力，持续推行以机械化、自动化为内容的科技变革，到20世纪70年代初期，已经基本实现了农业现代化，机械化程度更是高达90%。

3. 教育水平

文化知识、科学技术的发展使劳动力供给中高学历、高教育的比例逐渐增

第六章 外资企业吸收就业的国际比较

加,大多数劳动力均从事于服务业。根据欧盟出具的数据,2017年,25~64岁的高等教育就业人口增长2.9%,中等技能就业人口增长0.8%。与此相反,教育学历较低的劳动力人数下降了0.3%,低技能和高技能工人就业率之间的差距从2016年的30.5个百分点小幅下降到2017年的29.7个百分点。2008~2017年,欧盟服务业就业比重从70.1%持续上升至73.9%。建筑业就业增长2%,创下衰退以来最大增幅,巩固了2015年开始复苏的行业。2017年,农业就业小幅增长0.3%。高素质劳动力,配合发达国家前期依靠工业、制造业所累积的资本,能够利用高新技术发展知识、技术密集型产业;此外,劳动力密集的产业逐渐转移也使得发达国家的服务业劳动力比重进一步加大。

4. 外来直接投资流入的影响

外来直接投资的流入给东道国创造了更多的就业机会,能够在一定程度上缓解就业压力。不同国家、地区所吸收的外来直接投资流入行业也存在一定的差异。对于发达国家来说,科学技术、金融等技术密集型产业、资本密集型产业所吸收的外来投资占比更多,继而吸收的就业也更多。

三、发展中国家人口与就业

当前,虽然发展中经济体的服务业吸收了较多数量的劳动力,但从事农业、工业的人数基本占据了已就业劳动力人数的一半。2018年,在低收入国家,仍然有63%的劳动者从事农业及相关的工作,与1991相比,仅下降了8个百分点。发展中国家通常人口较多,产业自动化程度低,农业可以最广泛地吸收劳动力、帮助就业,随着经济的发展和收入水平的提高,发展中国家的农业自动化水平也在逐渐提高,释放了劳动力从事第二产业、第三产业,如图6-11所示。

中国作为世界上最大的发展中国家,自中华人民共和国成立以来,随着经济的发展,产业结构的优化升级,我国的就业分布也发生了巨大的变化。1952年,第一产业所吸收的劳动力占比达八成以上,第二产业、第三产业的就业人员仅为7.4%和9.1%;自改革开放以来,第三产业成了吸纳劳动力最多的行业。至2018年,第一产业就业人数占比为26.1%,第二产业为27.6%,而第三产业达到了46.3%,由服务业主导的现代就业模式逐渐成熟。同时,随着劳动力学历、素质水平的不断提高,知识密集型、技术密集型产业吸收的就业人数和比重也在

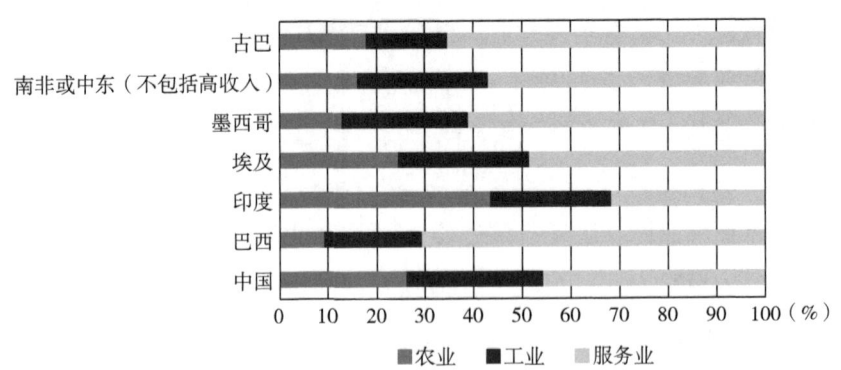

图6-11 发展中国家就业结构

不断地增加。

作为发展中国家最为集中的非洲大陆,其自然资源和劳动力数量十分充足,经济发展也具有相当的潜力和空间。2014~2017年,非洲大陆的年均增长率为3.1%,在2018年则达到了3.4%。虽然非洲经济保持着稳步增长的态势,但其经济增长模式主要依赖于传统的低生产率部门,和世界其他类似发展水平的国家和地区相比,流入非洲的外来直接投资处于较低的水平,并不利于劳动生产率的提高。发展中国家的就业结构、产业分布有待进一步的升级和优化。

第三节 外商投资与流动人口城镇化进程

一、发达国家人口城镇化的因素分析

由于农业转移人口在国外没有相关统计数据,本部分用流动人口城镇化代替,测算外商投资带来的影响。

如表6-10所示,利用相关分析去研究城镇化率分别和FDI/GDP、制造业增加值/GDP、商品贸易/GD、农业增加值/GDP、服务贸易/GDP和贸易/GDP共6项之间的相关关系,使用Pearson相关系数去表示相关关系的强弱情况。

第六章 外资企业吸收就业的国际比较

表 6-10 Pearson 相关系数

	城镇化率
FDI/GDP	0.083**
制造业增加值/GDP	-0.139**
商品贸易/GDP	0.184**
农业增加值/GDP	-0.441**
服务贸易/GDP	0.266**
贸易/GDP	0.325**

注：*代表 p<0.05，**代表 p<0.01。

一方面，城镇化率与 FDI/GDP、商品贸易/GDP、服务贸易/GDP、贸易/GDP 之间有着显著的正相关关系；城镇化率与制造业增加值/GDP、农业增加值/GDP 之间则有着显著的负相关关系，以上变量均可以作为解释发达国家城镇化率的有力依据。另一方面，农业、制造业增加值占 GDP 的百分比对城镇化率起到负向的作用，而其余变量则对发达国家城镇化率存在正向影响。尽管相关系数能够体现变量之间的相关程度，但是考虑到其他因素的影响，本节根据 Pearson 相关系数和散点图建立了计量模型，并采用面板模型方法研究发达国家城镇化率的影响因素。

$$UR = \beta_0 + \beta_1 \text{LnFDI/GDP} + \beta_1\beta_2 \text{ST/GDP} + \beta_3 \text{AA/GDP} + \beta_4 \text{MA/GDP} + \beta_5 \text{TR/GDP} + u_i \tag{6-5}$$

其中，UR 是城镇化率，LnFDI/GDP 是 FDI 占 GDP 的比例取对数，ST/GDP 是服务贸易占 GDP 的比例，AA/GDP 是农业增加值占 GDP 的比例，MA/GDP 是制造业增加值占 GDP 的比例，TR/GDP 是贸易占 GDP 的比例，u_i 为随机扰动项，β_0 为常数项。

本节以 Ln FDI/GDP、农业增加值/GDP、制造业增加值/GDP、服务贸易/GDP、贸易/GDP 作为解释变量，以城镇化率作为被解释变量进行面板模型构建。面板模型涉及 3 个模型分别是混合 POOL 模型、固定效应 FE 模型和随机效应 RE 模型，首先进行模型检验，便于找出最优模型，从表 6-11 可知：F 检验呈现出 5% 水平的显著性 F (30, 861) = 0.000，p = 0.000 < 0.05，意味着相对 POOL 模型而言，FE 模型更优。BP 检验呈现出 5% 水平的显著性 chi (1) = 8004.017， p=0.000<0.05，意味着相对 POOL 模型而言，RE 模型更优。Hausman 检验并未呈现出显著性，chi（5）=3.957，p=0.556>0.05，意味着相对 FE 模型而言，RE 模型更优。综合上述分析，采用随机效应模型进行分析。

表 6-11 模型检验

检验类型	检验目的	检验值
F 检验	FE 模型和 POOL 模型比较选择	F（30，861）=531.686，p=0.000
BP 检验	RE 模型和 POOL 模型比较选择	X^2（1）=8004.017，p=0.000
Hausman 检验	FE 模型和 RE 模型比较选择	X^2（5）=3.957，p=0.556

表 6-12 随机效应模型

城镇化率	系数	标准差	T 值	P 值
FDI/GDP	0.167	0.088	1.91	0.057
农业增加值/GDP	-1.491	0.055	-27.24	0.000
服务贸易/GDP	-0.027	0.007	-3.90	0.000
制造业增加值/GDP	-0.224	0.035	-6.39	0.000
贸易/GDP	0.019	0.005	3.46	0.001
常数项	83.759	0.6084	35.30	0.000

由共线性检验的结果可知，所构建模型中所有变量 VIF 值均小于 5，均值为 2.27，表明模型不存在共线性问题。异方差检验和序列相关检验拒绝了原假设，意味着模型存在异方差和序列相关问题，本书采用 Robust 稳健回归进行处理，处理后变量影响更为显著，结果显示稳健。

发达国家城镇化受到来自 FDI、贸易的正向影响。工业化是城镇化的基本动力，当今，发达国家的高新技术逐步取代了传统的工业动力，成为城市发展的主要动力。发达国家的外来直接投资的流入聚集于高新技术、金融等行业，第三产业所吸收的劳动力也占据了大半。FDI 的流入和贸易的增加促进了第三产业的发展，吸收了更多人的就业，进一步促进了人口的流动，对城镇化起到了积极的影响。

发达国家的城镇化水平受到农业、制造业的负面作用。机械化、规模化、高科技化的农业模式的运营，发达国家的农业已经高度现代化。农业占 GDP 比例的减少，意味着技术、社会分工以及相关产业的进步和城镇化率的增加。全球化使各国联系紧密，国际分工格局发生深刻的变化。发达国家高度重视科技创新，在高新制造业，大机械化制造工厂保证了产品精度和一致性，减少了人工费用，同时，国际分工的应用促使跨国公司将普通制造转移到劳动力更为廉价的发展中国家和地区，制造业所能吸收的劳动力逐渐减少，从而减少人员流动，对城市化造成了一定的阻碍。

服务贸易是世界经济、贸易新的增长点和竞争点。数字经济时代的到来，服务贸易迎来明显的扩张，技术密集、可贸易性高的产业，如高新技术、金融迎来了蓬勃的发展。发达国家在转移中低端制造业的同时，保留并壮大了为制造业服务的生产性服务业，当前，发达国家的服务业吸收了大比重的就业。服务业和服务贸易的发达能够促进经济的发展，稳定就业，促进城市化。

二、发展中国家人口城镇化的因素分析

如表 6-13 所示，利用相关分析去研究城镇化率分别和 FDI/GDP，服务贸易/GDP，贸易/GDP，农业增加值/GDP，制造业增加值/GDP，工业增加值/GDP 共 6 项之间的相关关系，使用 Pearson 相关系数去表示相关关系的强弱情况。具体分析可知，发展中国家城镇化率与 FDI/GDP、商品贸易/GDP、服务贸易/GDP、贸易/GDP、制造业增加值/GDP、工业增加值/GDP 之间有着显著的正相关关系；城镇化率与农业增加值/GDP 之间则有着显著的负相关关系，以上变量均可以作为解释发达国家城镇化率的有力依据。尽管相关系数能够体现变量之间的相关程度，但是考虑到其他因素的影响，本书根据 Pearson 相关系数和散点图建立了计量模型，并采用面板模型方法研究发展中国家城镇化率的影响因素。

表 6-13　Pearson 相关系数

	城镇化率
FDI/GDP	0.029*
服务贸易/GDP	0.062**
贸易/GDP	0.312**

续表

	城镇化率
农业增加值/GDP	-0.711**
制造业增加值/GDP	0.191**
工业增加值/GDP	0.339**

注：*代表 $p<0.05$，**代表 $p<0.01$。

$$UR = \beta_0 + \beta_1 LnFDI/GDP + \beta_1\beta_2 ST/GDP + \beta_3 AA/GDP + \beta_4 MA/GDP + \beta_5 TR/GDP + u_i \qquad (6-6)$$

其中，UR 是城镇化率，LnFDI/GDP 是 FDI 占 GDP 的比例取对数，ST/GDP 是服务贸易占 GDP 的比例，AA/GDP 是农业增加值占 GDP 的比例，MA/GDP 是制造业增加值占 GDP 的比例，TR/GDP 是贸易占 GDP 的比例，u_i 为随机扰动项，β_0 为常数项。

本节以 Ln FDI/GDP、服务贸易/GDP、农业增加值/GDP、制造业增加值/GDP、贸易/GDP 作为解释变量，以城镇化率作为被解释变量进行面板模型构建。面板模型涉及 3 个模型分别是混合 POOL 模型、固定效应 FE 模型和随机效应 RE 模型，首先进行模型检验，便于找出最优模型，从表 6-14 可知：F 检验呈现出 5% 水平的显著性 F（142，3646）= 0.000，p = 0.000 < 0.05，意味着相对 POOL 模型而言，FE 模型更优。BP 检验呈现出 5% 水平的显著性，chi（1）= 38651.111，p = 0.000 < 0.05，意味着相对 POOL 模型而言，RE 模型更优。Hausman 检验呈现出 5% 水平的显著性，chi（5）= 301.464，p = 0.000 < 0.05，意味着相对 RE 模型而言，FE 模型更优。综合上述分析，采用 FE 模型进行分析，如表 6-15 所示。

表 6-14 模型检验

检验类型	检验目的	检验值
F 检验	FE 模型和 POOL 模型比较选择	F（142，3646）= 251.664，p = 0.000
BP 检验	RE 模型和 POOL 模型比较选择	χ^2（1）= 38651.111，p = 0.000
Hausman 检验	FE 模型和 RE 模型比较选择	χ^2（5）= 301.464，p = 0.000

第六章 外资企业吸收就业的国际比较

表 6-15　FE 模型中间过程值

项	Coef	Std. Err	t	p	95% CI
截距	57.936	0.608	95.229	0.000**	56.744~59.129
LNFDI/GDP	0.799	0.076	10.545	0.000**	0.651~0.948
服务贸易/GDP	-0.009	0.013	-0.724	0.469	-0.034~0.016
农业增加值/GDP	-0.532	0.016	-33.292	0.000**	-0.564~-0.501
制造业增加值/GDP	-0.168	0.027	-6.222	0.000**	-0.220~-0.115
贸易/GDP	0.020	0.005	4.059	0.000**	0.011~0.030

$F(5, 3646) = 374.835$, $p = 0.000$

$R^2 = 0.340$，调整 $R^2 = 0.313$

注：*代表 $p < 0.05$，**代表 $p < 0.01$。

根据共线性检验的结果可知，所构建模型中所有变量 VIF 值均小于 5，均值为 2.27，表明模型不存在共线性问题。异方差检验和序列相关检验拒绝了原假设，意味着模型存在异方差和序列相关问题，采用 Driscoll-Kraay 调整后的稳健标准误差解决模型异方差和自相关，回归结果显示变量显著，模型结果稳健。

发展中国家的城镇化水平受到农业的负向影响较大。工业化加速了乡村人口向城市转移，但对于大多数发展中国家来说，农业仍然是其重点发展的产业。发展中国家的农业为大量未经教育、落后和非熟练劳动力提供了就业，吸收了发展中国家很大一部分的劳动力，农业的不发达，限制了农村人口向城市流动，继而阻碍了发展中国家城镇化的发展。

发展中国家的城镇化水平受到外来直接投资和贸易水平的正面影响。外来直接投资的流入，能够帮助发展中国家，促进其经济增长。外来投资是资本、知识、技术的集合体，跨国公司的进入，为发展中国家和地区注入了新鲜的人力、技术，帮助提升当地的生产效率和经济水平，同时也能够大大吸收就业。此外，发展中国家的外来投资多集中于制造业，低技术产品的生产、制造、装配需要大量的人工，而低廉的劳动力成本正是吸引外来投资的一大原因，这也促进了人员流动和当地的城镇化。

相对于发达国家的高比重就业的服务业，发展中国家的服务业比重较小，尤其是金融、科技信息、教育、医疗等主要项目明显落后于发达国家，由于亚洲地区除日本外大部分是发展中国家和地区，服务贸易的总体发展水平不高，服务贸易中进口大于出口，是服务贸易的净进口地区。随着发展中国家逐步进入工业和后工业化时代，服务业的比重会逐渐增加，服务贸易的影响逐渐扩大，服务业也将吸纳更多的劳动力，促进人口的流动和城镇化的发展。

第七章　郑各庄改革开放、产业升级和就业变迁

由中国村社发展促进会特色村工作委员会、亚太农村社区发展促进会（APCRD）中国委员会、中华口碑中心（CPPC）和同济大学现代村镇发展研究中心联合评比了2016年中国名村影响力排行榜。该评价体系主要从管理指数、魅力指数、民生指数、村庄发展指数、口碑指数和绿色指数出发，不简单取决于人均GDP或人均收入，也不仅取决于经济总量和人均经济量，而取决于这个地方的自然环境、居住条件、安全状况、人际关系以及村民气质、精神状态、主人翁感等。北京郑各庄村在《2016年中国名村影响力》中位列第十三，其中华西村排名第一，处在北京地区的首位；在《2016中国名村管理指数》中，郑各庄更是位列全国第二，获得了全国最具魅力乡村和北京最美乡村称号。

得益于改革开放后全球化进程的加快和市场化程度的提高，郑各庄的产业结构经历了从第一产业到第二产业，再从第二产业到第三产业的不断转换。历经30年来的不懈努力，郑各庄村实现了由单一的农业向以建筑为龙头、集科技、旅游、文创、贸易、医疗、养老、物业保障等多元化产业布局的跨越，不仅本村村民劳动力基本全部就地转化为产业工人，并且吸纳了数万外来工人就业。

第一节 郑各庄村的背景

一、地理位置、交通、气候和地形

走进郑各庄村,可以发现宽敞华丽的社区道路,鳞次栉比的高级酒店,复古典雅的古代建筑,密密麻麻的写字楼和工厂以及现代化的校园环境和居民住宅,还有供村民和外来工人休闲娱乐的中心公园以及丰富多彩的文化娱乐设备和众多商业网点,让人仿佛置身于现代化意义的"城市"之中,郑各庄地理位置如图7-1所示。

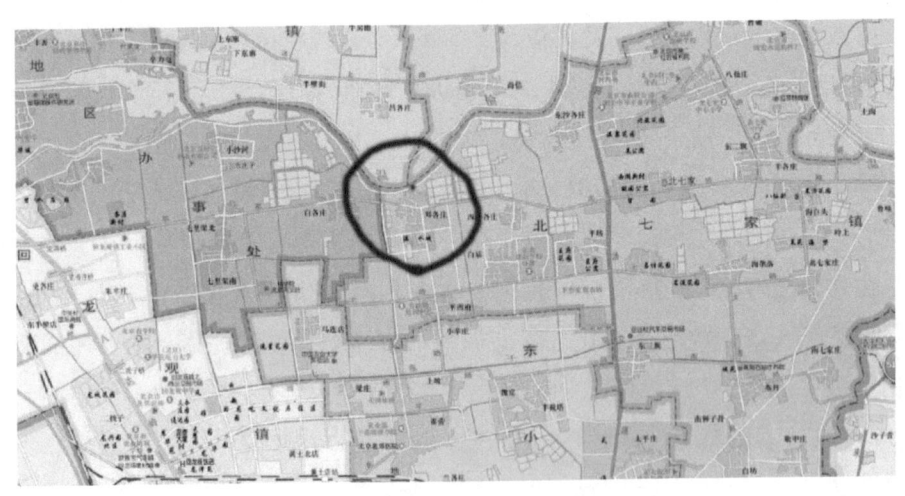

图7-1 郑各庄村在北京的地理位置

郑各庄隶属昌平区北七家镇,坐落在北京中轴线正北端,南距天安门22千米,北依北京温榆河,村域面积2.9平方千米,约4500亩,有568户,总人口约35000人,其中户籍村民约1500人。横贯郑各庄村东西两侧的是村北定泗路和南七北路,西距八达岭高速7千米,东距立汤路3千米,交通比较发达。郑各庄所处地段是典型的北温带半湿润大陆性季风气候，春秋很短，冬季寒冷干燥，夏季高温多雨。郑各庄属于平原地带，最显著的地质资源是其丰富的地下温泉水。环绕郑各庄村长达7千米的水系四通八达，蕴含丰富的地热和温泉资源。目前，已开发的6口温泉井，其出水温度达到80℃以上，且矿物质含量丰富，可供温泉水平均每天近万平方米。

二、历史变迁与人口流动

洪武年间，郑氏从山西洪洞县大槐树村移民到郑各庄如今的区域，逐渐形成了村庄，开始被称为郑家庄。"郑家庄"一词最早在明宣德四年（1429年）出现。当时的《明宣宗实录》记载："设顺天府郑家庄马房仓，置大使、副使各一员。"康熙五十七年（1718年），康熙建造郑家庄行宫与王府，史称郑家庄皇城。收藏于台湾故宫博物院的《康熙朱批满文奏折》为证，著名清史学家阎崇年先生所著《大故宫》第48讲"理亲王府"亦有专述。雍正元年（1723年）即农历五月初七，雍正帝封废太子胤礽之子弘晳为理郡王，后晋升理亲王，命他到郑家庄王府居住。清代昭梿著《啸亭续录·京量公府第》记载："理亲王府在德胜门外郑家庄，俗名平西府。"乾隆十一年（1746年），顺天府退出郑家庄马房仓，光绪《昌平州志卷十一》记载："'郑家庄'等马场补民及各旗退出还民地共869顷。被顺天府征用317年的田地又回补给村民。"1930年，国民政府实行编乡制，郑各庄村设乡公所，乡公所驻地西庙（药王庙）。1945年，在上级党组织领导下，郑各庄村秘密成立了游击队又称"护田队"，1949年10月改为武装部，1961年1月改成民兵连。1949年10月，郑各庄村隶属昌平县五区管辖，在上级工作组指导下建立党支部，并成立妇女联合会和土地改革委员会，随即进行阶级成分划分，按人分地、耕者有田。直到改革开放前，村民的生计完全依靠传统农业，勉强饱肚子，有的家庭"滚吃"到后三年的口粮。由于集体经济薄弱，没有能力治理环境，大街小巷坑洼不平，到处污水横溢、杂草丛生。

1978年，党的十一届三中全会召开后，郑各庄人嗅到了"贫穷不是社会主义"的科学定论；1982年，出台了第一个中央一号文件，郑各庄人由此受到"发展农村多种经营"的启发，随即在全村干部群众中开展了一次"要不要富""敢不敢富""能不能富""会不会富"的大讨论。1979年，郑各庄村作为当时平西府管理区农业联产承包责任制的试点，实行了以联产承包到组、到劳的联产承包责任制。1984年，郑各庄正式实行"家庭联产承包责任制"，取消了大锅饭的平均主义分配方式。1985年1月，郑各庄村三个生产队同时解体，结束了"三级核算、队为基础"的经济形式，剩余劳动力开始向非农产业转移。

30余年来，党总支、村委会、集团董事会团结带领全村干部群众和宏福集团广大员工认真落实科学发展观，积极推进新型城镇化建设，创建了以村为基础、宏福集团为经营实体的"村企合一、以企带村"的经济运行体系。通过产业结构调整升级，实现了由传统农业向基于现代的第二产业、第三产业的跨越。现有宏福建工、宏福建科、宏福建投、温都水城、金手杖老年公寓、宏福苑物业等自营企业30余家，自主开发的宏福科技园被国务院批准划入中关村国家自主创新示范区，汇聚电子信息、生物工程、新能源、文化创意等科技企业120多家，其中，包括外资企业36家，建筑、科技、旅游、医疗、养老、文创、物业等多元产业强势推动郑各庄村的新型城镇化建设，创造3万多就业岗位，不仅村民成为产业工人和企业股东，而且吸引了大量周边村落人口乃至北京以外的人口来郑各庄村工作和居住。

第二节　产业变迁与郑各庄村的经济转型

一、农业的没落与第二产业、第三产业的发展

中华人民共和国成立到改革开放以前，郑各庄凭借得天独厚的自然条件，经济一直以农产品生产和畜牧业为主，尤其是粮食作物的生产和销售成为整个郑各庄村的主要支柱。郑各庄村的经济转型始于1986年。当时，生产队长黄福水带领十几个村民组建施工队，用东拼西凑的5万元作为原始资本，踏入了北京建筑行业的市场。由于不懂技术，黄福水便带着村民从给别人打工做起。由于肯学肯干，黄福水的施工队第一年就挣了50万元。为创造施工的独立条件，1993年，黄福水发出倡议，动员村民集资入股。在不到1个星期的时间里，黄福水就收到

了144万元。他用这144万元购买了4部运输车。1993年3月，郑各庄村成立了"宏远机械施工公司"，打响了自身品牌，企业的知名度也不断提高，业务和收益都成倍增长。截至1996年，施工公司的固定资产达到3000多万元。同年2月，郑各庄村成立了北京宏福集团，并建立了以村为基础、以企业为支柱的"村企合一"的村庄经济运行体系。

经历了20多年的发展，目前，宏福集团拥有28家全资企业，40余家参股、控股等合作企业，形成了以建筑为龙头，科技、旅游、房地产、文化创意产业、服务保障等多元化的集体经济格局。培育出的品牌包括"宏福集团""温都水城"和"郑各庄村"。通过产业结构调整，农业在经济中占比微乎其微，第二产业、第三产业已逐渐成为村集体经济的主体。细化到具体行业，可以分为以下4个方面。

1. 建筑产业

宏福建工集团具备国家一级建筑工程总承包资质和房地产开发资质，并下属多家建筑企业，例如直属总承包公司、混凝土公司、建筑市政工程公司、钢基础公司、保温材料及门窗公司、结构公司、装饰公司等。

2. 科技产业

郑各庄村已建成的宏福创业园占地1600亩，先后引进了金万众空调制冷设备有限公司、修正药业北京公司、探路者旅游用品有限公司等40多家企业。行业层面包括机械制造、旅游用品、电子工业、生物制药、新能源等多个高新技术产业。

3. 旅游产业

郑各庄村以温都水城度假区为主体，将温泉养生、休闲娱乐、商务会议集于一体。温度水城主要包括湖湾酒店、宏福大厦、国际酒店、红楼岛商务区、水空间、温泉养生会馆、滑雪场、康熙行宫等设施。因此，温都水城度假区已经被评为国家4A级景区、北京市著名商标和北京市地热开发利用认证单位。

4. 文化教育产业

郑各庄村现已成为北京乃至全国的创意产业集聚地之一。目前，已经建成北京影视新片首映基地、中国影视动漫基地、中国时尚音乐基地等多个文化产业区；同时，还引进了解放军艺术学院、中央戏剧学院、北京电影学院动漫学院、北京邮电大学等艺术院校单位的校区入驻,保证了对企业艺术人才的供应。

笔者通过对村干部和相关企业的田野调查和走访,表7-1展示了郑各庄村主要产业建设项目的具体情况。

表7-1 郑各庄村主要产业建设项目

投资单位	项目名称	建筑名称	占地面积(亩)	建筑面积(平方米)
北京邮电大学	北邮宏福校区	行政办公楼	274.8	3220
		教学实验楼		12853.7
		活动中心		4494
		教工之家		3889.66
		二期教学楼		20058
		体育场看台		1429.8
		小计		45945.16
宏福建科科贸有限公司	郑各庄村中小学校	科研楼	53.1	4212
		中学学生宿舍		1130
		教师宿舍		1111.4
		办公楼		1088.1
		阶梯教室		1540
		教学楼		4110.7
		门房		20
		小计		13212.2
宏福建科科贸有限公司	宏福集团北邮后勤	北邮1号学生公寓	66.6	6437.42
		2号学生公寓		7815.59
		3号学生公寓		6437.42
		4号学生公寓		7815.59
		5号学生公寓		19310
		6号学生公寓		7815.59
		学生宿舍楼		7300
		1号学生餐厅		2200
		2号学生餐厅		2010
		小计		67141.61

续表

投资单位	项目名称	建筑名称	占地面积（亩）	建筑面积（平方米）
北京美飒格松柏科技发展有限公司	入园企业	办公楼	31	818.9
		车间		3410
		库房		1353
		宿舍楼		1587.34
		食堂		388.3
		职工宿舍楼		10231.52
		小计		17789.06
北京宏福建科科贸有限公司	入园企业	宏福建科	15	3722
汉能控股集团汉能科技有限公司	入园企业	办公楼	8.9	1227
		科研楼		1036
北京亚东广联信息技术有限公司	入园企业	科研楼	35.55	4767
		小计	59.45	10752
北京海安高科消防技术有限公司	入园企业	办公楼	17	3209
		科研楼		6607.8
		小计		9816.8
北京特谱康科技有限公司	入园企业	办公楼	12	1405.55
		餐厅		186.45
		厂房		95.95
		宿舍楼		448.92
		小计		2136.87
北京宏福建科科贸有限公司	宏福集团租赁给入园企业	园区1号厂房	20.09	12702
		园区2号厂房	20.09	12702
		园区3号厂房	7	3627
		园区4号厂房	5	10700
		A座商业楼	2.58	5083.08
		B座商业楼	2.8	2641.48
		小计	88.06	47455.4
北京探路者户外用品股份有限公司	入园企业	综合楼	16	4758.54
		厂房		4910.4
		小计		9668.94

续表

投资单位	项目名称	建筑名称	占地面积（亩）	建筑面积（平方米）
北京温都水城旅游饭店管理有限公司	郑各庄村旅游产业	水城国际酒店	159	18206
		养生会馆		6674
		室外温泉区		2510
		四合院（9个）		4996
		平西王府		1814
		水空间		16757
		水城报告厅		1900
		小计		52857
		水城商业街	15	14660
		宏福大厦	11.55	42024.48
		湖湾酒店	25.8	58786.5
		湖湾酒店西区	17.55	52124.15
		会议中心	16.8	9205
		水城广场	67.05	115000
		御温池	1.91	3252
		宏福轩餐厅	0.9	1236
		宏福宾馆	1.1	1416
		A栋办公	0.3	450
		B栋办公	0.3	480
		亭子3个		45
		小计	158.26	298679.13
	郑各庄村旅游产业	鲍鱼岛宾馆1号	89.46	1500
		鲍鱼岛宾馆2号		1500
		鲍鱼岛宾馆3号		1500
		鲍鱼岛餐厅		3000
		鲍鱼岛会议室		220
		鲍鱼岛前台		150
		鲍鱼岛游泳池		1200
		亭子		15
		游廊		60
		小计		9145

续表

投资单位	项目名称	建筑名称	占地面积（亩）	建筑面积（平方米）
北京温都水城旅游饭店管理有限公司	郑各庄村旅游产业	宏福活动中心	7	7000
		高尔夫练习场	44	1200
		宏福餐厅	2	1300
		温榆河码头用房	26	50
		温都水城员工宿舍	3.5	9322
		小计	92.5	18872
北京宏福建工集团有限公司	科技园区	孵化器	2	6011
北京宏福苑物业管理有限公司	郑各庄村物业	办公楼	1.5	600
		供水供热中心	1.3	260
		污水处理站	2	300
		锅炉房	4	1500
		幼儿园	5	3100
		警务室	0.5	150
		小计	12.3	5356

资料来源：笔者调查整理。

表7-2则集中展示了郑各庄村旅游产业发展的历史脉络。

表7-2 郑各庄的旅游产业发展脉络

时间	事件
2000年9月	第一眼地热井开采成功。截至2008年共成功开采6眼地热井，日可供温泉水上万立方
2000年12月	把发展旅游产业作为宏福集团"二五"规划重点目标之一
2003年1月20日	宏福宾馆、宏福饭店、御温池落成开业
2003年4月29日	温都水城旅游开发有限公司成立，2008年变更为北京温都水城旅游饭店管理有限公司
2003年7月5日	恢复护城河工程举行开工典礼，同年10月1日竣工，与秀水湖公园人工湖贯通，开始接待游人
2003年7月11日	温都水城一期项目即水城国际酒店、温泉养生馆、水城报告厅、水空间、室外温泉区以及恢复康熙行宫等项目破土动工

续表

时间	事件
2004年9月28日	红楼岛落成开业
2005年3月1日	宏福集团召开2005年度机构改革工作会议,确立了以打造旅游品牌为中心的发展战略
2006年5月	温榆河郑各庄御码头落成并经营游船项目。为温都水城做了产业配套
2006年7月22日	温都水城一期项目开始试营业,29日正式营业
2006年11月	温都水城先后承办中韩模特大赛总决赛和全球华裔小组选美大赛中国区总决赛
2007年3~6月	温都水城承办的"红楼梦中人"全国大型选秀活动。温都水城由此享誉全国
2007年3月28日	温都水城被评为"全国民族文化旅游十大品牌推介10强"单位
2007年5~8月	温都水城开展京港奥运大连接驱车万里行,在全国58个大中城市设站开展奥运宣传活动
2008年4~8月	温都水城承办《龙的传人》全球电视选拔赛总决赛。温都水城品牌影响再度攀升
2008年1~11月	温都水城二期即宏福大酒店、湖湾酒店、湖湾西区酒店、会议中心等项目相继落成开业。温都水城服务设施进一步完善
2009年2月	温都水城被国家景区等级评定委员会评为国家AAAA级景区
2009年5月27日	温都水城商标被北京市工商局评为"北京市著名商标"
2011年12月	温都水城广场屋顶滑雪场落成启用
2011年10月	温都水城金色大厅投入使用。进一步提高了会议、餐饮的保障能力
2011年11月	温都水城商标被国家工商总局商标局认定为中国驰名商标

资料来源:笔者调查整理。

与此同时,郑各庄村集体为了保证第二产业、第三产业发展和入园企业的正常经营运转,建立起了以宏福物业管理有限公司和产业园区管委会为主体的服务保障体系,为整个工业园区和社区提供水、电、热、气等能源,并在环卫、绿化等方面提供服务和维护。此外,郑各庄村针对各个高校提供了大量配套服务,承担着大学生公寓和餐厅等后勤工作。同时,随着人口的飞速增加,经村集体的协商,北京知名三甲医院——安贞医院也在郑庄村开办了分院,保证了村中大量外来人口的医疗需要。

二、经济转型的内外因素

郑各庄村作为北京最美乡村,除了优越的先天条件外,其经济转型有着其特

第七章 郑各庄改革开放、产业升级和就业变迁

殊的内在原因。

第一,立足建筑行业,激发产业转型。郑各庄村经济的支柱抓住了北京房地产快速发展的时间段,迅速完成了农业向建筑业的转型,并积累了雄厚的资金基础。在2016年最近的一次调研中,笔者了解到,宏福集团已经将自己的建筑工程产业定位为:立足北京、面向外埠、走向国际。可见,建筑行业作为郑各庄人从农民转型为市民,从农业经济转型为工业经济的基础,如今仍然发挥着举足轻重的作用。

第二,坚持创新驱动,引领产业升级。建筑行业虽然经历大规模长时间的发展,已经成为郑各庄村集体经济的支柱。但是,由于资金大、周期长、见效慢等弊端,单一的发展建筑产业势必会影响经济增长的长期性和可持续性。郑各庄村集体又一次抓住了契机,创办科技产业和文化产业园区,大量吸引国内外优秀的初创型企业入驻,并给予了各种优惠政策。在科技产业方面,以中关村国家自主创新示范中心宏福科技园为基地,大力发展科技产品研发、产业孵化、成果转化等新兴领域,并且成果显著。譬如,2015年村集体建成了约4万平方米的科技大厦;2017年,约30万平方米"总部航母"也即将落成。在文化产业方面,产业园区将北京的影、视、戏、剧、文化等各方面资源全面整合,打造影视文化创意基地,其中正在建设的项目包括河边影视基地、水城广场影院舞台以及艺术人才培训学校等。

第三,推动产业与城镇化建设协同发展。在发展科技制造和文化产业的同时,郑各庄人还充分认识到自身这片土地拥有优质的自然资源。借助"北京最美乡村"知名度的逐渐扩散和温都水城4A级景区的最终确定,郑各庄村于2013年下半年对旅游会展中心进行了改造建设,于2015年又建成了新的生态农业观光园。凭借越发优美的自然条件和生活条件,郑各庄村开始打造北京这样一个人口老龄化城市急需的养老服务业,形成独有的终极的"候鸟"养老服务模式。2013年上下半年,北京温都水城金手杖国际老年俱乐部建成;2014年宏福集团投资建设的黑龙江五大连池老年公寓和海南博鳌老年公寓投入运营;2016年北京宏福老年护理院落成。这样,老人们冬季在温暖如春的海南过冬,夏季在舒适凉爽的黑龙江五大连池避暑,春秋两季在村里的温度水城老年俱乐部安居,可以说,郑各庄村已经走在了高端养老服务产业的最前沿。可见,郑各庄村在推动产业发

展的同时，不仅吸引了暂时工作在此的流动人口，还更多地吸引了老龄人口在郑各庄安居，这也同时促进了与老龄人口相关的餐饮、零售、医疗等配套服务行业的发展，形成了产业演进与城镇化建设协同发展的模式。

第四，总体上看，全球化尤其是外资力量推动了经济结构的根本性变化，最终导致了农业的没落。郑各庄从中华人民共和国成立到20世纪80年代初期，都以农业经济为主导。但是，由于农业种植技术落后、经营管理体制不完善等方面的制约，在很长时间内并没有很好地发挥农业方面的天然优势。然而，随着20世纪90年代我国对外开放步伐的加快，凭借地理位置、交通、人口和政治治理等方面的优势，外商投资企业不断涌入，经济结构从以传统粗放的农业生产为主快速地转向了以制造业和服务业为主的产业类型。因此，从事农业生产的村民越来越少；直至今日，已经基本没有从事农业的村民；少量的农业经营都已经通过承包方式外包给了外地村民。外资企业的发展对于经济的腾飞和转型起到了至关重要的作用。

第三节　产业变迁与郑各庄的城镇化进程

一、基础设施的完善

1998年3月8日，郑各庄村旧村改造开始。截至2015年，全村人均居住面积由23平方米提高到70平方米，98%的村民已经搬迁上楼。村民住宅用地由之前的1050亩演变为仅250亩，由此节约了76%的宅基地。当时全村的可开发利用的土地达到了3000余亩，从而为后来的招商引资和产业发展提供了充足的土地储备。

首先，郑各庄已累计投入20亿元，完善了道路、交通、水、暖、热、电、天然气以及银行、邮政、中小学校、幼儿园等公共设施。同时，郑各庄村还特别注重村里的环境治理和环境保护。郑各庄建有日处理4000吨的污水处理厂以及雨水回收系统。经处理后的污水以及雨水补充到护城河及秀水湖公园，转化为景观、绿地灌溉、消防备用水,并具有补充地下水的功能,实现了水的梯级利用。

其次,郑各庄坚持规划先行,创新了土地流转经营机制。1995年,村里编制了《郑各庄村21世纪生态庄园规划》,并在此基础上,完成了《郑各庄控制性详细规划》,获得了北京市规委的批复。1999年,按照依法、自愿、有偿和确权、确利、保收益的原则,实行了土地流转经营机制,农民把承包的土地流转到企业,用作发展第二产业、第三产业。与此同时,通过投资帮助其他村庄复垦废弃的建设用地,把郑各庄村农地置换为集体建设用地,为推进城镇化和工业化提供了规划保证和建设用地保证。

再次,郑各庄依托村民自治,以自主投资、自我建设、自我管理、自我服务方式实施了旧村改造工程,以优惠的条件帮助村民搬迁上楼,目前,人均住房面积达到70多平方米。与此同时,又投资了近20亿元,完善了幼儿园,大、中、小学校,休闲娱乐,商业服务等公共服务设施以及道路、交通、水、电、气、热、污水处理厂等市政基础设施。

最后,郑各庄坚持村民共享发展成果,实现了退休、养老、医疗、失业、工伤、生育保险全覆盖,并建立了粮油补贴,全程教育补贴,水、暖、天然气费及物业费补贴等诸多福利保障制度。通过分配制度调节,村民的福利、权益以及财产性收入占纯收入总额的75%,缩小了村民间的收入差距,实现了共同富裕。可以说,经过几十年的发展,经济转型彻底让村民"带着资本、带着保障"地融入了城市生活。

二、公共服务与人口集聚

长期以来,郑各庄走的是一条产业演变下的主动城镇化道路。自1998年以来,村集体已经累计投入资金几十亿元,对旧村进行改造、开展农民上楼工程,并对公共服务设施进行了修缮,为人口迅速集聚奠定了坚实的基础。

首先是在教育方面,以造就新型农民重点,形成从幼儿园、小学、初中、高中、大学以及成人学校等完善的村民教育体系,并建立了从幼儿园到大学毕业全程教育补贴制度,激励村民子女上大学,并保证每家至少有1名大学生。通过与高等院校合作,为失去接受高等教育机会的村民补课。劳动年龄人口平均受教育年限从不足7年,提高到11.5年。

在交通和通信方面，2000米道路在村内贯穿，北与定泗路贯通，南与七北路、北清路衔接。设有庄村具有快速公交3号线、996路、463路、昌22路、607路等公交车；村内有3万个电话交接箱，并与中国移动和中国联通建立了"新社区、新文化、新信息"共建关系，保证社区对外通信和网络信息传递无障碍。

在福利保障方面，随着集体经济基础日益牢固，村民享有的福利保障越来越充分，不仅实现了农村新型合作医疗保险、一老一小医疗保险覆盖面100%，并且享有本村的退休养老金，水、暖、燃气费全额报销，粮油供给等诸多福利。该村独生子女，既享受一套120平方米的福利住房，又享受从幼儿园到大学全程全额教育补贴。

在水利电力等方面，上百千米长的给排水、供电、供暖、天然气等地下管网贯通整个区域的各个角落，还自建了配电站、污水处理厂、垃圾分类站必要的居民生活设施；其他诸如大大小小的医院、诊所、银行、邮局、超市等与百姓生活息息相关的公共服务设施星罗棋布。

在文化生活方面，郑各庄村村民安居乐业，干群关系和谐。近年来，先后荣获五五普法先进单位、全国十大魅力乡村、全国文明村、新农村建设百强示范企业、全国民主法治示范村、首都文明村等荣誉称号。郑各庄下属的村民农民教育中心先后与中央党校、首都经济贸易大学等高校联合举办了十几期成人农民学历教学班，培养各类人才数百名。郑各庄村内有从事科研、角度方面的教授及各类高级专业技术人才500多人，为技术创新和发展提供了人才支撑。

最为值得注意的是，近年来，郑各庄村在经济发展的同时，按照人与自然、人与环境和谐相处的理念，把村庄绿化和环境美化作为一项重点工程。目前，郑各庄村绿化面积高达80多万平方米，绿化率更达35%。先后获得北京最美的乡村、首都生态文明村、全国十大魅力乡村、首都绿化先进单位等称号。同时，村里利用公共资金为辖区居民修建了宏福公园，其人工湖面积达到60多亩，水深达到1.8米。人工湖与环城水系相通，居民既游客可乘船直达行宫王府色、水空间和四合院。在乘船的同时，还可欣赏两岸百花争艳的景色以及两边的亭台楼阁，景色美不胜收。

在这种完善的公共服务体系下，尽管没有确切的人口集聚数字，根据笔者所调查的村中最大的社区——宏福社区为例进行分析，则能更为直观地显示出郑各庄村城乡转型和城镇化的现有水平。宏福社区面积70多万平方米，社区人口近2万人，该社区建有宏福活动中心，建筑面积超过7000平方米，是一座集篮球、台球、羽毛球、壁球、沙弧球、游戏厅、高尔夫练习、乒乓球、攀岩、健身馆、跳操馆、瑜伽馆、图书馆、射箭馆、图书吧等多种文化和健身项目于一体的综合性场馆。该场馆配备了专业舞台灯光和音响，大型会议、文艺晚会和展览会等活动可容纳2000多人。除了宏福活动中心外，村中还建设了文化广场和火炬广场等娱乐活动场所；同时，宏福社区文化中心还针对村民及外来社区居民组织开展了多种群众文化活动，村里常年参加的居民多达700人。目前，村中有模特队、腰鼓队、合唱队、京剧表演队、舞蹈队等11支队伍。全村形成了"天天有活动""喜庆佳节掀高潮"的文化氛围，人们的思想和道德情操在各种活动中受到了陶冶熏陶，精神生活丰富多彩。

第八章　利用外资引导京津冀人口就业分布的政策建议

外资在我国的经济发展中发挥着重要作用。如果说改革开放是我国经济起飞的主线，吸引外资则是中国社会主义现代化建设的重要支撑。在分析新中国70年吸引外资的内在逻辑时提到，引资模式和引资目的的转变是随每个发展阶段经济发展目标而变化的（张广婷等，2019）。

中华人民共和国成立初期，外资的引进推动了我国工业化的发展，为国家实现工业化建设提供了雄厚资金基础，但由于当时国内工业基础薄弱、不成体系，不能大量引进外资，以防对国民经济大发展产生其他影响。改革开放时期，中国经济的发展远远落后于世界水平，资金、技术和管理经验都有严重缺口，此阶段引资带来了西方先进技术和经验，补足出口生产过程中的众多缺口，加快了国家"走出去"的速度。"入世"期间，中国的对外开放水平已达到一定高度，但要加入世贸组织需进行市场化改革，此时，引进外资不仅弥补了国内经济发展所需资金，更重要的是调整、改善国内经济结构，促进国内国有企业的改革，落实"引进来"和"走出去"战略促进高新技术的发展。现如今，我国的经济发展水平和世界地位都不可与往日同语，面临百年未有之大变局，引进外资有助于促进国内新旧动能转化、加快新型城镇化进程。

回顾以往，每个阶段合理利用外资的经验对中国各个阶段目标的实现起着重要作用。总结来看，合理利用外资主要包括以下三个核心要义：一是引进外资带来的资金、技术和管理经验可促进经济发展；二是引进外资的政策要适应各个经济发展阶段的目标，不断完善引入外资的政策，使得投资区域、行业和外资企业

第八章 利用外资引导京津冀人口就业分布的政策建议

的合理诉求相平衡;三是引入外资也要适度而为,防止引入外资规模较大对中国本土相关产业的发展造成冲突。在现阶段,依靠外资的合理分布推进城镇化发展、推进农业转移人口在京津冀地区的合理分布是具有建设性意义的。

在与长江三角洲、珠江三角洲城市群的对比中,京津冀都市圈在对外开放程度和区域经济一体化方面存在着很大差距,特别是在利用外资方面,京津冀地区实际利用外资总额远远落后于长三角和珠三角地区,外资进入的行业结构也不尽合理,地域分布不均衡。河北地区在我国工业化进程中发挥着关键作用,是钢铁、建材的生产基地,在原材料、能源、工业等方面有着显著优势;天津是我国北部重要的港口城市,也是重要的制造业基地;北京作为全国政治、文化和经济交流中心,经济实力雄厚,产业发展多层次,尤其是服务业等第三产业发展迅猛。在京津冀一体化政策的实施下,三地差距逐渐缩小,但河北的经济发展水平仍然明显落后于京津两地,流动人口仍然选择京津两地为主要流向地,而不是选择依托劳动力发展的河北省。另外,京津冀整体城镇化率低于长三角和珠三角,且京津冀一体化进程缓慢,导致农业转移人口过度集中在北京,很多人在价值观念、生活方式、行为习惯等方面难以适应自身角色转变,不能很好地融入首都经济社会活动中。因此,如何利用外资引导农业转移人口的合理分布,创造有利条件促进京津冀地区和雄安新区人口和区域经济协同发展显得格外重要。

第一节 京津冀三地吸引外资政策

京津冀三地既有共同的一体化发展目标,又有区域各自发展模式。因此,在考虑吸引外资和协同机制上,既要考虑三地的相通之处,更要考虑如何因地制宜。

传统的人口迁移理论表明,农业转移人口对工作和居住地的选择会受原居住地的推力和新居住地的拉力两方面因素的作用,主要表现为新居住地能有更多的就业机会和更高的收入;同时,对新居住地更高的预期收入也影响着人口迁移(Todaro,1969)。因此,就业机会和收入水平决定了农业转移人口的流动方向和分布格局。从理论上讲，外资可以在这两方面发挥出应有的作用。

从北京的人口疏解角度来说，在政策引导下，外资可以为天津和河北提供更多农业转移人口与当地优势产业相匹配的就业机会，形成产业合理分布与流动人口上下游对接的联动机制。由于所有权优势，FDI可以产生强大的就业效应，外资企业需雇用大量劳动力，城市劳动力需求的增加为农业转移人口提供了大量就业机会。另外，外资在一定程度上可以缩短京津冀三地收入水平的差距。根据FDI理论，跨国公司倾向于支付比东道国本地企业更高的平均工资，且在市场竞争中会对当地企业的工资产生正面溢出效应。因此，外资的引入可在一定程度上提高收入水平，缩小工资差距。

利用外资引导京津冀农业人口疏解的机制上，一方面，对天津和河北各个地级市来说，外资可以提升对农业转移人口的"拉力"。

第一，外资企业主要以跨国公司为主，这对被投资地区的相关行业参与国际分工起着推动作用。天津是中国北方最大的港口城市和第一个自由贸易实验区；河北省也有唐山、秦皇岛和沧州三个较大的港口城市，在参与国际分工方面有着先天的优势。随着国际分工的深入，外资企业需要雇用更多的劳动力，会产生较强的就业效应。城市劳动力的短缺需要大量农业转移人口来弥补，从而吸纳了北京过剩的外来农业转移人口工作和居住。

第二，跨国公司促进了产业转型升级，倾向于支付比本地企业更高的工资。中国FDI的行业分布越来越从制造业转向服务业；随着开放程度的增强和人口优势的持续，农业转移人口会越发集中在服务贸易领域。在此背景下，天津、河北等地积极的吸引外资有利于改善当地产业结构和提升工资水平。

第三，普遍认为FDI具有较强的技术溢出效应，会间接促进集聚经济和城市发展（Dunning，1993；Caves，1996）。积极吸引外资促进京津周边城市尤其是雄安新区的发展，意味着将有更好的城市生活条件，可以吸引更多的农业转移人口在河北定居和生活。

另一方面，从北京的人口疏解来说，外资可以增强对农业转移人口的"推力"。

第一，近些年随着北京产业转型和土地价格快速上涨，许多低端外资企业开始选址或者迁移至郊区乃至周边的中小城市。为适应新的情况，京津冀三地的外

第八章 利用外资引导京津冀人口就业分布的政策建议

资政策也要相互配合、良性互补,与北京人口疏解的目标协调一致。

第二,北京国有企业在经济中的比重偏高,集中占据了大量优势资源,对人口吸引力较强。进一步吸引外资企业,尤其是高端跨国公司可以缓解北京国有经济比重过高的问题,改善经济结构,间接推动低技术农业转移人口向外迁出。

第三,FDI 所带来的知识和技术溢出效应会提高当地的创新能力,导致劳动力需求尤其是低技术劳动力需求的减少。分工的专业化和高级化最终将迫使落后产业和低端产业的从业者向外迁移。

第四,在农业转移人口疏解后的安置问题上,外资同样可以发挥相应作用。外资影响的范围涉及人口转移后的就业、住房、医疗、养老等方面;在市场经济条件下,外资企业的影响程度也应当和国有企业、民营经济基本均衡。

为此,京津冀地区要正确认识和定位引进外资,趋利避害,建立一整套完善的外资引进制度,在促进京津冀一体化发展和雄安新区新建设的前提下充分考虑三地产业发展特点和梯度差异,因时制宜、因地制宜,通过产业梯度合理化和外资引入合理化,有效疏解北京非首都功能,形成以北京为辐射原点,天津、河北为辐射区的全区域人口产业均衡一体化发展。具体来看可分五个方面进行。

第一,对于北京地区,通过引进外资政策增强对农业转移人口的推力。

(1)出台进行产业转型的相关政策,鼓励北京市区企业分层次、分行业迁移到郊区或周边地区。对于外资企业而言,既使公司依旧属于北京地区的管辖范畴,又减少了其进驻北京的房价、水电支出等外部成本;对于北京而言,企业逐步迁出市区中心可缓解人口拥挤,减少有关企业生产过程对资源的消耗浪费和对市区空气的污染,可谓一举多得。

(2)提高外资进入门槛,大力扶持高质量外资企业。北京地区经济科技发展基础雄厚,引进外资应更注重质量而非数量。进一步吸引外资企业,尤其是高端跨国公司可以缓解北京国有经济比重过高的问题,改善经济结构,间接推动低技术农业转移人口向外迁出。同时,高质量的外资企业的技术溢出效应有利于产业升级和人力资本的积累,摆脱投资驱动经济发展的"枷锁",转为依靠技术和创新驱动发展经济。

(3)提高自主研发和技术创新能力。创新能力的增加促进产业转型,有利于减少对低技术要求劳动力的需求。这与北京地区的发展定位是一致的,减少低技术劳动力的数量,增加高技术人才的数量,使得高质量的外资企业吸引到高水平人才,实现人力与资本在区域上的合理分布。

第二,对于津冀地区,通过引进外资增强对农业转移人口的拉力。

(1)抓住"一带一路"带来的机遇,扩大国际市场,参与国际分工。天津利用港口贸易的优势、河北利用工业和资源优势,逐步走向国际市场,依托自身比较优势,参与到国际市场的分工,成为全球产业链的一环,吸引相匹配的外资,增加对劳动力需求,不断吸引农业转移人口。

(2)加大引资力度,降低外资进入门槛,简化审批流程,多方位、多层次引入外资。充分发挥FDI的集聚效应和技术溢出效应,通过FDI的引入提高区域经济发展水平,带动相关产业的发展,逐步缩减与京津地区发展水平的差距吸引相匹配的京津农业转移人口。

(3)在政策支持下大力引进服务业外资企业。随着国内经济逐步由第一产业、第二产业向第三产业靠拢,服务业越来越成为经济发展的重心领域。相比于传统产业,服务业行业发展对经济的带动力更强,也更能吸引到外资企业入驻。因此津冀要加快产业结构转移,逐渐发展为依托服务业发展的综合型经济发展模式。

第三,对于京津冀整体,建立京津冀地区资源共享平台,加强区域交流合作,缩小三地引进外资的政策差异,消除地方保护主义与合作壁垒。

(1)北京产业发展多样化,平台更大,但竞争激烈、房价等外部支出成本大。可与天津、河北地区共享部分外资资源,既带动了两地经济的发展,也使外资企业降低了外部支出成本。

(2)天津作为北京的近邻,制造业、港口贸易产业等比较发达,外部支出成本较小,地域优势明显,但平台和经济基础不比北京。可通过资源共享平台展现本地优势,拉动更多外资企业入驻。

(3)河北作为老牌工业发展基地,关联雄安新区计划,发展潜力大、成本低,地理位置优越,坐拥丰富的原材料,但经济发展相对滞后。河北地区需加强与北京、天津地区的交流,同时加大宣传力度,充分展现地域和资源优势。

第四,对于京津冀整体,改善外资企业的内部环境,增强对农业转移人口的吸引力。

(1)完善社保体系,对符合条件的员工主动上保。研究发现,京津冀地区的外资企业有无社会保障项目对农业转移人口的影响较大,故若想提高外资对农业转移人口的引导作用,需进一步完善外资企业关于社会保障体系的规定,使符合条件的正式员工都能享受到参加社会保障体系带来的福利。

(2)提高对企业工作时间的监管力度。设立外资企业标准工作时长和最高工作时长,对超出标准时间的时长部分发放加班费,保障农业转移人口劳有所获,在自愿工作的基础上实现工作价值。

(3)提高对外资企业履行商业伦理与企业社会责任的监管力度,保障农业转移人口的职工权利不受侵犯。可分行业分工作属性设立农业转移人口最低工资线,严厉打击扣身份证、雇用童工、强制工作等行为。

第五,对于京津冀整体,改善引入外资的外部环境,应对可能出现的各种风险。

(1)增加教育投入,提高居民受教育水平。随着国内产业逐渐向服务业等第三产业的发展倾斜,劳动密集型产业扩张赋予学历的低权重已不再成立,更多产业的发展需一定的知识储备和技能才能。在加强高等教育力度的同时,均衡职业技术教育的发展,为产业转型后的市场提供更多技术性人才。

(2)加大企业研发经费投入。外资企业的引入对本地相关产业可能造成冲击,为减轻此方面的影响,降低外资企业的垄断性,提高自身企业的竞争力,需大力发展创新能力,最大限度地鼓励技术研发。

(3)加强知识产权保护意识与环保意识,建立"负面清单"。知识产权保护意识的增强不仅可以避免某些方面的损失,更能唤醒外资的进入对当地企业的竞争,逐步提高创新意识。而环保意识的提高可以将那些附加值低、高污染、高耗能的低端制造产业拒之门外,给予绿色环保、附加值高的外资企业更多机会。

(4)营造良好公平的企业竞争氛围,以外资倒逼国内企业改革。改善国内企业环境,监督、完善企业有关规章制度,逐步实现国内企业和外资企业一视同仁的管理制度,平衡国有、民营、外资等各类型企业均衡发展。

(5)鼓励吸引技术性外资,以适应国内产业结构转型的大趋势。鼓励支持高端制造业和服务业外资的进入,鼓励制造业中对通过高新技术带来经济效益的外资企业,支持符合条件的外资企业进入商业零售、医疗、咨询等第三产业,不断推进产业结构升级。

第二节　利用外资引导人口就业合理分布的协同机制

一、引导外资企业迁移，促进人口合理分布

（1）建立地区产业集群。"京津冀协同发展"战略上升为国家战略之后，产业之间的分工合作联系日益紧密，产业集群对于区域经济发展发挥着越来越重要的作用。相同类型的产业聚集有利于节约运输成本，增强产业间的相互交流与合作，产生规模效应。不同类型的产业聚集能激发产业竞争力，催生创新型产品。在遵循产业梯度转移规律的基础上，建立现代化经济技术开发区，于环首都经济圈打造一个新兴技术产业集群地，吸引资本的流入和技术的溢出，同时，农业人口的规模性转移为产业集群地提供充足劳动力的保证，如此一来，在解决转移人口就业问题的同时促进了产业经济发展，实现"双赢"。

（2）在具备高起点高标准开发建设基本条件的雄安新区建设一批国家级创新平台，加强与国外一流教育科研机构和企业合作培养高科技人才，同时解决了农业转移人口的子女教育问题。引导外资进入京津冀地区的高端设备制造业，以该产业巨大的利润回报为吸引点，吸引外商直接投资，生产高端产品。在生产过程中培育高科技人才，充分利用农业转移劳动力。该地处于京津冀三地交界处，接收了北京高科技产业的转移，受天津国际港口城市文化的影响，拥有河北广阔的开发空间和充足的劳动力，加上国家政策的扶持，前景广阔，对农业人口转移有巨大的吸引力。同时，环首都经济带的县域可以仿照雄安新区的发展模式来规划自己区域内部的产业布局，最大化发挥产业合理布局的优势。

（3）引导外商直接投资进入新能源产业。目前，京津冀发展最快的新能源产业，包括节能环保、新能源、生物医药和信息技术。引导外资进入新能源产业，加快京津冀地区的新能源汽车行业发展。一来推动了京津冀三地之间交通互通度更加便捷，二来新能源产业无环境污染，有利于打造宜居宜业城市，打消了从农村转移过来的人们对大城市环境污染、雾霾严重的顾虑，营造了良好的社区

氛围,增加人们的幸福感和社区归属感。

(4) 引导外资进入农业领域,促进农业现代化发展,引进机械化设备,提高农产品产量和生产效率,解放种植业劳动力,发展林、渔、牧业。在这方面,美国、加拿大等国家的机械化农业水平已经达到了很高的水平。根据食品商务网的资料显示,2012 年美国出口了金额为 1543.1 亿美元的农产品,同比增长 2.4%,自美国进口农产品的国家和地区中,中国排名第一,金额为 27 亿美元,同比增长 16.7%。中国作为农业大国,农民数量远远超过美国,但是农产品除了自给外还需进口,反观美国,以中国 23.46% 的人口生产出远超中国的农产品。最主要的原因是美国农业机械化程度高,美国农民人均产量和人均收入都是中国人民无法比拟的。因此,必须通过外资引导农业进一步发展,提高农业的自主创新能力,建设自主品牌。在农民就地转移和就地市民化的区域打造田园综合体、现代农业产业园、共享农庄等新业态,建立农业科技合作示范园区,开展规模化规范化设施园区和绿色循环畜产品生产基地建设,以外资拉动农业发展,将外资渗透到生产、加工、销售等各个环节,全面激发农业机械总动力。外资引入农业可以为农业发展带来先进的技术和充足的资金,借鉴外国已有的农业生产模式,生产出多样化的农副产品,增加农业就地转移地区的人民收入,改善当地居民生活水平,推动城镇化进程。

二、优化产业结构,提高利用外资效率,创造更加开放的营商环境

对于河北省和天津市,目前的一大问题是要优化城市的产业结构。天津市目前流入的 FDI 资金量已然非常庞大,但是对于资本质量还应该把控的更加严格。目前按照国别来看,流入天津市的 FDI 最多的还是来自韩国、日本等国家,在后续的招商引资中,要注意有目的地引导高新技术产业进驻。并且还要注意加强人才储备,提高新区对于人才的吸引力,用高素质的人力资源吸引更多高新技术产业的投资。

河北省目前利用 FDI 的效率与大部分沿海城市还有一定的差距。河北省的当务之急应该是优化营商环境,提高产业配套条件,并且对各大城市的基础设施进行投入,增强外商投资积极性。另外,河北省应该有意识地从"工业经济"向"服务经济"进行转型,目前的第二产业所占比例过高,并不利于河北省的经济

发展。同时加快城市化进程、增加城市开放度,从而增强经济竞争力,实现经济增长。

建立相关法律法规,规范外商投资行为。进一步加强产业知识产权的保护,对于外商直接投资的产业项目,纳入国家法律框架之内,对外商投资的允许、鼓励、限制、禁止项目做出明确规定,保护好双方的合法权益。严厉打击盗版、剽窃等侵权行为,为双方创造一个良好的合作环境和投资环境。

优化产业配套设施,建立配套机构体系,为外商直接投资提供专门的场所,建立更多的自由贸易区,让外资企业有广阔的市场,自由化的交易。自由贸易区为外资企业提供了通关上的便利,关税成本降低有利于吸引大量外资流入,是打造国际一流贸易平台的第一步。在该市场中,应该具备齐全的服务配套设施和服务体系,包括项目评估、审批规划、筹建、生产、运营、销售、售后服务等完整流程的服务体系。打造一个高尖端的技术开发区,对标国际,研发高端技术产业,进行高档次项目合作。

建立以产业结构为导向的引资政策,建立健全市场竞争机制,放宽市场准入清单,但不等于放松标准。必须严格审批某些夕阳产业打着朝阳产业的名号借机骗取优惠政策的保护,浪费大量资金、土地、劳动力,阻碍区域经济的发展和产业结构转型升级。放弃对外商普遍优惠的产业政策,实行差别化的有限优惠政策,将更多资金投入到高新技术产业的发展中去,让有利于拉动区域经济增长和创新能力的外资企业享受更多便利,从而吸引其他大量优质外资企业进入。在制定优惠政策的同时也要注意尺度,防止行业垄断的发生,制约本地企业发展,将外来技术与管理方法运用到当地企业中去,促进民族产业蓬勃发展。

实施自主引资战略。加大对第一产业的外资投入力度,适当降低对第二产业的投资,同时,将外资向技术密集型产业引导,避免过多资金浪费在产能过重的重工业领域,以尽可能少的资金投入和付出环境代价获得最大的经济产出。第三产业是环境代价付出最少的产业,加强对第三产业外资的调控,像第三产业中的房地产业和社会服务业,虽然它们所占比重微小,却是居民生活水平和幸福感的直接体现。政府应该将利用外资与现代化服务业结合起来,引导外资促进这些产业的发展,把握时机向国际化方向进行转移,开放更多贸易服务业,承接国际服务行业,如开展国际化物流中心,跨国公司的经营与经济贸易活动。另外,引进国际化教育方式,让居民享受到国际化教育服务,培养更多国际化人才。

加强规划组织实施,统筹区域协调发展,塑造具有当地特色的城市风貌。政府部门在进行城市规划的时候,要充分考虑环境容量与人口转移数量的比例关系,合理安排城市内部功能区划分。加快环首都经济圈的城市群建设,吸引外资对社区基础公共设施建设项目的投资,按照地区实际情况和发展需要,分层次、分区域建造不同服务设施,根据转移人口实际需要建立人性化住房制度将租购并举、多主体供给、多渠道保障落实到位,并在房地产市场建立调控长效机制,严禁大规模房地产开发,破坏居民生活环境,让转移过来的人民住房有保障,生活环境有保障,就业有保障,基本服务到位,增加居民幸福感和获得感。农业转移人口安置好之后,政府部门要为居民提供舒适的服务体验。办理户口转移或者落户时,免去不必要的手续,提高办事效率,让当地居民尽快投入到新的工作生活当中去。

第三节 京津冀农业转移人口就业合理分布的配套措施

由于京津冀整体城镇化率低于长三角和珠三角,且京津冀一体化进程缓慢,导致农业转移人口过度集中在北京,很多人在价值观念、生活方式、行为习惯等方面难以适应自身角色转变,不能很好地融入首都经济社会活动中。怎样引导农业转移人口在京津冀区域内合理流动进而合理分布,对京津冀地区的一体化和雄安新区的发展具有很大现实意义。

解决人口疏解问题的基础是人口迁移,这就需要首先探讨人口迁移问题及其动力,人口的迁移是城镇化的核心问题之一。提高京津冀都市圈的城镇化质量,必须将疏解非首都功能与人口疏解协调一致、相辅相成。由于农业转移人口行业分布与外资的行业分布的一致性,北京疏解非首都功能尤其是向外疏导农业转移人口和分布路径可以通过外资合理的行业分布和空间格局推演而来。与引进外资政策相对应,理论上京津冀地区农业转移人口的有序迁移也受到两个方面的作用。

一方面，采取相应农村地区配套措施，增强农村地区对农业转移人口的推力。

第一，"三权分置"制度的实施赋予了农民对土地更大的权利。所谓三权分置，即形成土地的所有权、承包权和经营权分置，经营权流转的形式。改革开放时期推行的家庭联产承包责任制调动了农民的积极性，有效地解决了温饱问题。而现阶段的"三权分置"制度不仅稳定了农村土地承包关系，落实了集体所有权、稳定了农户的承包权利，放活了土地的经营权，更重要的是，使农民的土地流转没有了失地的后顾之忧，从而拥有更多追求非农业劳动的工作机会。

第二，农业作为第一产业，其发展明显滞后于二三产业的发展，以服务业为代表的第三产业逐渐占据了市场发展的较大份额。在过去的30多年中，中国经济和产业结构随世界经济的发展而逐渐变化。占总额97%以上进入中国的外国直接投资主要流入第二产业和第三产业，贸易自由化更导致了劳动密集型和出口导向型制造业在中国迅猛发展。相应地，二三产业的发展所需的劳动力也更多集中在城市。

第三，随着中国土地价格的上涨，许多企业开始重新选址，将企业迁移到农村地区，导致大量农业用地被占用。根据国家统计局的数据分析，全国每年的失地农民数量高达300万人。而城市的第二产业、第三产业发展急需劳动力的支撑，市区土地的农民被迫迁移到城市进行非农业工作。

第四，从整体上看，我国农村地区教育、医疗、养老等规范化程度不高，对于适龄劳动人口特别是刚刚崛起的年轻人而言不如蓬勃发展的城市具有吸引力。加上如今科学技术的迅猛发展，使人们足不出户便可将世界尽收眼底，农村的狭小落后在城镇化面前显得不堪一击。从这个意义上讲，农业转移人口特别是受过教育的年轻人更愿意选择城市进行自我发展。

另一方面，采取相应城市地区配套措施，增强城市对农业转移人口的拉力。

第一，户籍制度改革方向赋予了农业转移人口流向城市更大的自主权。传统的户籍制度与土地相关联，以家庭作为单位进行管理，严重限制了农业转移人口流入城市的机会。中华人民共和国成立至今，户籍制度经历了限制盲流、二元结构、身份证、蓝印户口、积分落户和户改新政等多种形式的改革，从最初限制城乡互通逐渐发展，到打破传统的二元结构、全方位促进城乡一体化发展，为农业转移人口流向城市提供了多种途径。

第二，外资企业强大的就业效应和工资效应导致城市劳动力需求增加。外资企业需要雇用大量劳动力，城市劳动力的短缺需要大量农村剩余人口来填补；外资企业较高的工资水平也吸引着农业转移人口流向城市。因此，外资的引入成为城市吸引农业转移人口的双重推力。

第三，城市的公共服务水平更高，城市人口可享受更高的生活福利水平和便利化程度。虽然城乡公共一体化建设一直在进行，但差距依然存在。城市的社会公共服务中健全的教育、医疗、社会保障系统，更能保证人自由而全面的发展，也更能吸引农业转移人口去城市追求更高的生活质量。

第四，经济转型导致的城市劳动力短缺急需农业转移人来填补。随着社会经济的发展，我国经济从大力发展农业、工业转向发展服务业，农村农业产业的衰落和城市服务业的崛起使农业转移人口逐渐流向城市，从事非农业产业。

值得关注的是，城市所扮演的角色不仅仅是吸引农业转移人口的迁入，更重要的是引导农业转移人口在时间空间上的合理分布。总的来看，人口疏导的方向即为农村地区推进农业转移人口的迁出，城市地区吸引农业转移人口的迁入和空间上的合理分布。

一、农村配套措施

首先要明确农村的定义和农业转移人口的定位。本书所提及的农业转移人口是指户口性质为农业户口和为居民户口但曾经为农业户口的群体，农村是他们的家乡，是他们最后的港湾。城镇化的推进使得农村范畴逐渐缩小，商业用地的征用使得土地面积缩小，大批农村剩余劳动力滞留。与此同时，城市的发展需要劳动力的支撑，因而，农业转移人口有序流向城市是合理的选择。具体而言，农村地区可以采取以下措施来促进农业转移人口的合理迁移。

（1）继续深化土地制度改革。一方面继续坚持"三权分置"土地制度，确保农民土地权益的自由性和固有权益的不受侵犯，加大监督力度，对违反规定的行为严厉惩罚，营造良好自由的发展环境。另一方面持续追踪农户意愿，顺应时代发展，做出更有利于农民意愿和经济发展的改革措施。

(2) 推进农业现代化建设,提高农业专业化程度。农业生产的专门化、集约化、现代化生产,不仅提高了农业生产力,也节约了社会资源。大机器生产导致农业人口过剩,逐渐流向非农业生产部门。与此同时,城市的第三产业发展速度较快、势头较猛,需要这些农业转移人口来填补。

(3) 与周边城市群定点合作,输送农村过剩劳动力。京津冀城市群中,河北地区与京津两地的发展存在差距,且老牌工业发展基地进行产业经济转型需要时间积累。在这种情况下,河北的农村地区可以与河北的城市地区定点合作,不仅解决了农村的剩余人口问题,也为城市的发展积累了人力。充分利用家庭是最小的社会单元这一属性,出台相关政策,以实现农业转移人口向城市的有序流动。

(4) 提高教育水平,着力培养以市场就业为导向的技术性人才。健全教育机制,从娃娃抓起,提高入学率,降低辍学率,改善教育质量。拓宽职业教育和技术培训渠道,大力支持重点高职、中职等职业技术学校的发展,为城市的发展输送一批有竞争力的专业化人才。

二、城市配套措施

在京津冀地区农业转移人口的迁移途径中,城市扮演着中心角色。城市的繁华、高收入、体面的工作、宽阔的视野等无不吸引着农业转移人口心甘情愿放弃祖辈相传的一方土地,只身来到城市打拼。但大量的聚集、与工作的不匹配、与城市的不相容等问题日益突出,给京津冀的一体化发展造成阻碍。因此,城市的配套措施可以分为对农业转移人口的引流和分流两个方面。

为吸引农业转移人口从农村迁移到城市,可以采取以下措施:

(1) 提高公共服务水平,进一步完善农村转移人口在城市所能享受的医疗、子女教育、社会保障等项目,逐步缩小城乡政策差距。对符合条件的农业转移人口,落实其在城市应享有的权利。充分征取民意,在保证经济发展目标的前提下最大限度地提升农业转移人口在城市的福利。

(2) 推进户籍制度改革。减少户籍制度的壁垒,进一步完善城市落户规定。对于一般城市如河北省各市,尽快推行"零门槛"落户政策,简化农业转移人口向城市人口过渡流程。对于直辖市天津,实施有条件的落户政策,对满足一定条件的农业转移人口开放门户。对于首都北京,实施面向重点人群的落户政策,筛选人才,为首都事业的发展储蓄力量。农业转移人口则可根据自身能力和发展定位选择合适的流入地。

(3) 加快产业转型,分区域引进外资企业。外资在促进农业转移人口合理迁移机制中发挥着重要作用,合理的外资结构将使人口合理有序迁移产生事半功倍的效果。北京作为人才的汇聚地,应多引进高技术企业,留住人才,疏解多于劳动转移人口;津冀地区应更注重外资的数量,鼓励引进对劳动力要求没有那么高的第三产业的企业,承接北京的农业转移人口,同时带动本地经济的发展。

(4) 鼓励支持引导性创业,丰富农业转移人口创业资金的渠道来源。依靠创业带动就业,提高农业转移人口在城市的就业质量。利用不同方式引进外资,加强人才创业基金支持。利用创新创业计划筛选不同层次的农业转移人口,对不同水平的农业转移人口实施分级定向培养项目,鼓励多种形式的创业形式和发展路径。

参考文献

[1] 安锦, 薛继亮. 基于产业视角的京津冀都市圈人口有序转移研究 [J]. 中央财经大学学报, 2015 (02): 83-89.

[2] 梁昊光. 京津冀一体化对首都人口规模的影响 [J]. 北京社会科学, 2011 (01): 25-31.

[3] 李拓, 李斌. 中国跨地区人口流动的影响因素——基于286个城市面板数据的空间计量检验 [J]. 中国人口科学, 2015 (02): 73-83.

[4] 劳昕, 沈体雁. 中国地级以上城市人口流动空间模式变化——基于2000和2010年人口普查数据的分析 [J]. 中国人口科学, 2015 (01): 15-28.

[5] 孙铁山, 李国平, 卢明华. 京津冀都市圈人口集聚与扩散及其影响因素——基于区域密度函数的实证研究 [J]. 地理学报, 2009, 64 (08): 956-966.

[6] 杨成钢, 曾永明. 空间不平衡、人口流动与外商直接投资的区域选择——中国1995~2010年省际空间面板数据分析 [J]. 人口研究, 2014 (06): 25-39.

[7] 莫旋, 唐成千, 阳玉香. 城镇化进程中流动人口就业影响因素与就业选择——分层异质视角下多元选择模型的实证分析 [J]. 商业研究, 2019 (07): 36-41.

[8] 田明, 李辰, 赖德胜. 户籍制度改革与农业转移人口落户——悖论及解释 [J]. 人口与经济, 2019 (06): 1-13.

[9] 段德忠, 谌颖, 杜德斌. 技术转移视角下中国三大城市群区域一体化发展研究 [J]. 地理科学, 2019, 39 (10): 1581-1591.

[10] 毛其淋. 外资进入自由化如何影响了中国本土企业创新? [J]. 金融研究, 2019 (01): 72-90.

[11] 张广婷, 王陈无忌. 主动变革、开放包容与制度创新: 新中国70年吸引外资的内在逻辑 [J]. 世界经济研究, 2019 (12): 3-12+131.

[12] 刘建丽. 新中国利用外资70年: 历程、效应与主要经验 [J]. 管理世界, 2019, 35 (11): 19-37.

[13] 王滨. FDI对新型城镇化的空间溢出效应 [J]. 城市问题, 2020 (01): 20-32.

[14] 刘亦农. 基于Logit模型的农村女性劳动力转移影响因素研究 [J]. 广西质量监督导报, 2019 (11): 72-74.

[15] 宋健. 中国流动人口的就业特征及其影响因素——与留守人口的比较研究 [J]. 人口研究, 2010, 34 (06): 32-42.

[16] 侯建明, 关乔, 杨小艺. 我国女性流动人口职业选择的影响因素分析 [J]. 人口学刊, 2019, 41 (01): 69-79.

[17] 张健. 分析比较国企与私企、外企的人才引进竞争优势 [J]. 财经界 (学术版), 2019 (02): 170.

[18] 余大洪. 国企与外企招聘人才之比照 [J]. 企业文化, 2004 (12): 59-61.

[19] 王文刚. 京津冀地区流动人口的就业特征与影响因素 [A]. 中国地理学会经济地理专业委员会. 2017年中国地理学会经济地理专业委员会学术年会论文摘要集 [C]. 中国地理学会经济地理专业委员会: 中国地理学会, 2017: 53.

[20] 刘爱华. 京津冀流动人口的空间集聚及其影响因素 [J]. 人口与经济, 2017 (06): 71-78.

[21] 王春蕊. 京津冀协同发展战略下人口流动的影响及对策研究 [J]. 经济研究参考, 2016 (64): 46-49.

[22] 陈明星, 郭莎莎, 陆大道. 新型城镇化背景下京津冀城市群流动人口特征与格局 [J]. 地理科学进展, 2018, 37 (03): 363-372.

[23] 李君甫, 肖文倩. 京津冀人口的单向流动: 基于流动人口工资和社会保障的研究 [J]. 领导之友, 2017 (11): 72-76.

[24] 栾青霖. 中国流动人口就业质量及其影响因素的理论与实证研究 [D]. 北京: 北京交通大学, 2019.

[25] 陈延. 企业伦理视角浅析女性就业中的性别歧视问题 [J]. 课程教育研究, 2019 (22): 237-238.

[26] 张可云. 北京非首都功能的本质与疏解方向 [J]. 经济社会体制比较, 2016 (03): 23-25.

[27] 赵弘, 刘宪杰. 疏解北京非首都功能的战略思考 [J]. 前线, 2015 (06): 74-76.

[28] 北京市 2019 年国民经济和社会发展统计公报 [J]. 北京市人民政府公报, 2020 (19): 28-48.

[29] 肖周燕. 北京产业疏解带动人口疏解的政策效应 [J]. 地域研究与开发, 2018, 37 (06): 160-164.

[30] 叶素云, 叶振宇. 市场潜力、出口需求与新成立外资企业区位分布 [J]. 产业经济研究, 2012 (05): 54-61+94.

[31] 韩会东, 刘碧含, 朱乐. 基于外资企业属性的中国世界级城市群比较研究——以京津冀、长三角、珠三角为例 [A]. 中国城市规划学会、东莞市人民政府. 持续发展 理性规划——2017 中国城市规划年会论文集 (16 区域规划与城市经济) [C]. 中国城市规划学会、东莞市人民政府: 中国城市规划学会, 2017: 37-46.

[32] 白超. 外商直接投资对京津冀区域进出口贸易影响的研究 [D]. 济南: 山东大学, 2015.

[33] 王浩宇. 京津冀产业关联与空间分布研究 [D]. 北京: 北京邮电大学, 2017.

[34] 张鹏. 京津冀人口分布与产业布局的特征及关联分析 [D]. 北京: 首都经济贸易大学, 2017.

[35] 赵福伟, 贾冬青. 京津冀产业结构特点和人才需求结构 [J]. 人民论坛, 2018 (03): 100-101.

[36] 姚鹏. 京津冀区域发展历程、成效及协同路径 [J]. 社会科学辑刊, 2019 (02): 127-138.

[37] 姚明明. 新型城镇化进程中我国农业转移人口市民化成本分担机制研究 [D]. 沈阳: 辽宁大学, 2015.

［38］石光．京津冀协同发展中的人口分布变化——移动互联网大数据视角［J］．重庆理工大学学报（社会科学），2018，32（12）：1-8．

［39］赵小谛，郭霖．农村人口转移的空间选择——以江苏南京为样本的研究报告［J］．唯实，2004（10）：25-27．

［40］杨连云．主体功能区划分与京津冀区域产业布局［J］．天津行政学院学报，2008，10（06）：48-53．

［41］李亚楠．"京津冀"战略性新兴产业外商直接投资研究［D］．北京：北京工业大学，2014．

［42］张学浪，潘泽瀚．城镇化进程中的农村人口转移与分布空间［J］．华南农业大学学报（社会科学版），2014，13（04）：88-100．

［43］江立华．改革开放四十年来的人口流动与农业转移人口市民化［J］．社会发展研究，2018，5（02）：22-40+242-243．

［44］盖骁敏．外商直接投资分布与我国制造业产业集聚的关系分析［J］．经济纵横，2012（04）：73-77．

［45］王海燕，焦知岳．利用外资促进河北省产业结构优化的思考［J］．合作经济与科技，2012（18）：16-17．

［46］郝志文．利用外资促进产业结构升级——以河北省为例［J］．中国商贸，2010（02）：187-188．

［47］孙颖齐．外商直接投资对京津冀地区产业结构的影响研究［D］．保定：河北师范大学，2012．

［48］郭福文，盖世民，李堂峰．国务院批复河北雄安新区总体规划（2018—2035年）［A］．廊坊市应用经济学会．对接京津——借势京津协同融合论文集［C］．廊坊市应用经济学会：廊坊市应用经济学会，2019：67-72．

［49］付瑞瑞．引进外资对中国经济增长的效应分析［J］．广西质量监督导报，2020（05）：187-188．

［50］夏焰，汪楠．个体特征对专业硕士就业意向的影响分析［J］．应用型高等教育研究，2020，5（02）：88-95．

［51］刁燕霞，邵皓怡，刘文慧，王洪云．返乡农民工稳定非农就业的影响因素研究［J］．冶金管理，2019（17）：200-201．

[52] 王利国. 吉林省大学生就业的经济影响因素分析 [J]. 税务与经济, 2018 (02): 107-112.

[53] 王胜今, 张磊, 杨静. 黑龙江省流出人口就业特征及其影响因素分析 [J]. 人口学刊, 2019, 41 (02): 67-76.

[54] 鲁莎莎, 郑姚姚, 吴成亮. 城乡转型背景下林区劳动力非农就业影响因素分析——以福建省三明市为例 [J]. 农业现代化研究, 2014, 35 (04): 437-441.

[55] 宋林, 何洋. 互联网使用对中国农村劳动力就业选择的影响 [J]. 中国人口科学, 2020 (03): 61-74+127.

[56] 刘万霞. 职业教育对农民工就业的影响——基于对全国农民工调查的实证分析 [J]. 管理世界, 2013 (05): 64-75.

[57] 张建杰. 农村劳动力转移就业的地域选择及其集聚效应研究——以河南11村的调查为例 [J]. 华南农业大学学报（社会科学版）, 2009, 8 (04): 1-7.

[58] 张爱东. 江苏省利用外资的现状及对策 [J]. 对外经贸, 2012 (03): 46-47.

[59] 胡超君. 外商直接投资对江苏省产业结构的影响研究 [D]. 南京: 东南大学, 2017.

[60] 邱扬. 安徽省利用FDI现状及对策 [J]. 合作经济与科技, 2015 (10): 59-60.

[61] 沈进龙. 外商直接投资对安徽省产业结构影响的实证分析 [J]. 赤峰学院学报（自然科学版）, 2014, 30 (08): 62-65.

[62] 臧新, 赵炯. 外资区域转移背景下FDI对我国劳动力流动的影响研究 [J]. 数量经济技术经济研究, 2016, 33 (03): 78-94.

[63] 李浩, 黄繁华, 许亚云. 区域经济一体化促进了外资流入吗？——基于长三角城市群的实证分析 [J]. 经济问题探索, 2020 (10): 81-93.

[64] 雷晓康, 王炫文, 雷悦橙. 城市低龄老年人再就业意愿的影响因素研究——基于西安市的个案访谈 [J/OL]. 西安财经大学学报, 2020 (06): 102-109.

[65] 冀丰渊. 京津冀协同发展规划纲要 [A]. 廊坊市应用经济学会. 对接京津——解题京津冀一体化与推动区域经济协同发展（对接京津与环首都沿渤海

第13次论坛〔二〕）论文集［C］.廊坊市应用经济学会：廊坊市应用经济学会，2016：10.

［66］韩雪.雄安新区发展功能定位研究［D］.北京：中共中央党校，2019.

［67］张耀军，张振.京津冀区域近十年来人口分布格局研究——基于空间数据探索性分析方法［J］.西北人口，2014，35（03）：43-46+51.

［68］张耀军，张振.京津冀区域人口空间分布影响因素研究［J］.人口与发展，2015，21（03）：2-9.

［69］陈玲.京津冀产业结构变动对劳动力空间分布的影响研究［D］.北京：首都经济贸易大学，2016.

［70］陆佳源.FDI空间效应对地区产业结构升级的影响研究［D］.昆明：云南大学，2016.

［71］张凯.基于京津冀一体化背景下FDI对河北省产业结构影响的实证分析［D］.沈阳：辽宁大学，2017.

［72］张鹏.京津冀人口分布与产业布局的特征及关联分析［D］.北京：首都经济贸易大学，2017.

［73］朱文强.FDI，产业集聚和城市化［D］.济南：山东大学，2018.

［74］李斌，尤笠，李拓.交通基础设施、FDI与农村剩余劳动力转移［J］.首都经济贸易大学学报，2019，21（01）：69-77.

［75］王振坡，姜智越，郑丹，王丽艳.京津冀城市群人口空间结构演变及优化路径研究［J］.西北人口，2016，37（05）：31-39.

［76］刘泽平.FDI对京津冀地区产业结构的影响研究［J］.现代经济信息，2016（24）：466.

［77］魏玲玲.浅析京津冀协同发展战略下人口流动的影响［J］.环渤海经济瞭望，2019（11）：76.

［78］裴铮，韦泽鑫，李哉川.京津冀人口内部迁移变动实证分析——基于地区的产业结构［J］.科技经济导刊，2019，27（25）：196-197.

［79］孙桂平，韩东，贾梦琴.京津冀城市群人口流动网络结构及影响因素研究［J］.地域研究与开发，2019，38（04）：166-169+180.

[80] 刘金帅. 北京市人口分布与经济发展研究 [J]. 合作经济与科技, 2019 (13): 18-19.

[81] 沈映春, 罗湉予. 京津冀产业布局对人口空间分布的影响及疏导建议 [J]. 产业经济评论, 2019 (03): 21-36.

[82] 王诵夏. FDI 对我国新型城镇化发展的影响 [J]. 商讯, 2019 (07): 107-108.

[83] 石光. 京津冀协同发展中的人口分布变化——移动互联网大数据视角 [J]. 重庆理工大学学报 (社会科学), 2018, 32 (12): 1-8.

[84] 赵成伟. 区域协同发展视角下首都人口疏解作用路径及效果研究 [D]. 北京: 北京邮电大学, 2019.

[85] 唐姝妤. 河北省人口合理分布的政府调控研究 [D]. 哈尔滨: 哈尔滨商业大学, 2018.

[86] 张耀军, 柴多多. 京津冀人口与产业空间演变及相互关系——兼论产业疏解可否调控北京人口 [J]. 经济理论与经济管理, 2017 (12): 102-109.

[87] 王婧, 刘奔腾, 李裕瑞. 京津冀地区人口发展格局与问题区域识别 [J]. 经济地理, 2017, 37 (08): 27-36.

[88] 邹新树. 农民工向城市流动的动因"推—拉"理论的现实解读 [J]. 农村经济, 2005 (10): 106-111.

[89] 朱芸, 邹杨. 劳动力转移动因及农村人口迁移量影响因素分析 [J]. 商业研究, 2014 (08): 101-107.

[90] 陈继勇, 盛杨怿. 外国直接投资与我国产业结构调整的实证研究——基于资本供给和知识溢出的视角 [J]. 国际贸易问题, 2009 (01): 96-102.

[91] 黄娟. FDI 对我国城市化水平的影响研究——基于 2003~2007 年 21 个市数据 [J]. 经济问题, 2011 (04): 46-49.

[92] 马章良. 外商直接投资与中国产业结构关系的实证研究 [J]. 改革与战略, 2012 (03): 143-146.

[93] 赵红, 张茜. 外商直接投资对中国产业结构影响的实证研究 [J]. 国际贸易问题, 2006 (08): 84-88.

[94] 陈燕, 程湛恒. 刘易斯转折阶段的中国农业转移人口就业结构问题研

究 [J]. 成都行政学院学报, 2014 (02): 64-68.

[95] Mora Dana C., Arcury Thomas A., Quandt Sara A. Good Job, Bad Job: Occupational Perceptions among Latino Poultry Workers [J]. American Journal of Industrial Medicine, 2016, 59 (10): 245-263.

[96] Caves, R., Multinational Enterprise and Economic Analysis, 2nd Edition [M]. Cambridge: Cambridge University Press, 1996.

[97] Dunning, J., Multinational Enterprises and the Global Economy [M]. Wokingham, England: Addison-Wesley, 1993.

[98] Todaro, M. A Model of Labor Migration and Urban Unemployment in Less Developed Countries [J]. American Economic Review, 1969, 59 (1): 138-148.

[99] Zhang, K. What Explains China's Rising Urbanization in the Reform Era? [J]. Urban Studies, 2002, 39 (12): 2301-2315.

[100] Ravenstien E. G. The Laws of Migration [J]. Journal of the Royal Statistical Society, 1885 (02): 167-227.

[101] Hein, Simeon. Trade Strategy and the Dependency Hypothesis: A Comparison of Policy, Foreign Investment, and Economic Growth in Latin America and East Asia [J]. Economic Development and Cultural Change, 1992, 40 (3): 495-521.

[102] Salike N. Role of Human Capital on Regional Distribution of FDI in China: New Evidences [J]. China Economic Review, 2016 (37): 66-84.

[103] Dominik, Völlmecke, Björn et al. FDI, Human Capital and Income Convergence—Evidence for European Regions [J]. Economic Systems, 2016 (02): 361-385.

[104] Zhao Qiong, Niu Minyu. Influence Analysis of FDI on China's Industrial Structure Optimization [J]. Procedia Computer Science, 2013 (17): 196-205.

[105] Yanfei Yin. A Demonstrational Analysis of Relationship between FDI and Industrial Structure Upgrading in China [C]. Intelligent Information Technology Application Association. Advances in Applied Economics, Business and Development (ISAEBD 2011 CCIS 209). Intelligent Information Technology Application Association: 2011: 384-391.